- fit in 30 Minuten

Björn Gemmer

Konzentration

Dirk Konnertz & Christiane Sauer

Entspannen

Bibliographische Information Der Deutschen Bibliothek
Die Deutsche Bibliothek verzeichnet diese Publikation in der Deutschen Nationalbibliographie; detaillierte bibliographische Daten sind im Internet über http://dnb.ddb.de abrufbar.

Herausgeber: Das LernTeam, Marburg
Lektorat: Astrid Hansel, Frankfurt/Main
Layout, Illustrationen, Titel: Ulf Marckwort, Kassel
Layout, Satz: Frank Werner, Kassel
Druck: Gutmann + Co. GmbH, 74388 Talheim

Lizenzausgabe für Ernst Klett Verlag GmbH

Gabal Verlag GmbH, Schumannstr. 163, D-63069 Offenbach,
Telefon 069/830066-0, Telefax 069/830066-66

Hinweis:
Dieses Buch ist sorgfältig erarbeitet worden. Dennoch erfolgen alle Angaben ohne Gewähr. Weder Autor noch Verlag können für eventuelle Nachteile oder Schäden, die aus den im Buch gemachten Hinweisen resultieren, eine Haftung übernehmen.

Printed in Germany

ISBN 3-12-920192-0

In 30 Minuten auf die Überholspur!

Dieses Buch ist so konzipiert worden, dass du in kurzer Zeit erfährst, wie du deine Konzentrationsfähigkeit steigern kannst und mit Hilfe der richtigen Entspannungstechnik eine Menge Kraft gewinnst, um deine Aufgaben in der Schule und in der Freizeit cooler und konzentrierter zu bewältigen.

- Jedes Kapitel beginnt mit drei zentralen Fragen, die im Verlauf des jeweiligen Kapitels beantwortet werden.

- Nach jedem Kapitel werden die wichtigsten Inhalte noch einmal zusammengefasst.

Da dieses Buch so klar und deutlich strukturiert ist, kannst du es immer wieder zur Hand nehmen, um schnell die für dich interessanten Teile zu wiederholen. Das Stichwortregister wird dir dabei eine zusätzliche Hilfe sein.

Inhalt

Inhalt

Hallo und herzlich willkommen!

Du bist oft unkonzentriert, nicht voll bei der Sache? Dich nervt, dass du für das Erledigen mancher Aufgaben zu viel Zeit benötigst? Deine Klassenarbeiten zeichnen sich vor allem durch sogenannte Flüchtigkeitsfehler aus, kleine Rechen- und Schreibfehler, obwohl du weißt, wie das Wort geschrieben wird und wie man addiert und subtrahiert? Wenn das so ist, bist du in guter Gesellschaft.

Fehlende Konzentrationsfähigkeit ist das häufigste Verhaltensproblem bei Schülerinnen und Schülern. Man geht derzeit davon aus, dass mehr als ein Drittel aller Kids zum Teil erhebliche Probleme haben sich zu konzentrieren. Das betrifft Jungen übrigens noch mehr als Mädchen.

Was kannst du tun?

Die Befragung zeigt, dass man sich dieses Problems bewusst ist. Kinder und Jugendliche wissen um ihre mangelnde Konzentrationsfähigkeit und ihre Lehrer müssen sich damit herumschlagen. Doch was kann man tun?
An die Lehrer wird appelliert, den Unterricht interessanter zu gestalten. Doch was ist, wenn sie andere Sachverhalte interessant finden als du? Dir wird man vielleicht vorschlagen, Bachblütentee zu trinken und an dich selbst zu glauben.

Nichts gegen Bachblüten oder positive Autosuggestion, aber sollen das bereits alle guten Ratschläge gewesen sein? Es gibt zum Thema Konzentration in der Tat kaum konkrete Hilfen für Schülerinnen und Schüler. Dabei liegt es an dir, deine Konzentrationsprobleme anzugehen. Eltern und Lehrer können dich aber dabei unterstützen.

Die drei Säulen deiner Konzentration

Eine gute Konzentrationsfähigkeit behältst bzw. erlangst du, wenn du dich um drei Bereiche in deinem Leben kümmerst:

- geistige und körperliche Fitness,
- einen klaren Kopf und
- die Organisation deiner Arbeit.

Wie das genau funktioniert, erfährst du in diesem Buch. Dieser Ratgeber für Kinder und Jugendliche soll dir helfen, deine Konzentrationsprobleme in den Griff zu bekommen.

Viel Spaß und Erfolg wünscht dir

Björn Gemmer

1. Wie steht es um deine Konzentration?

Was genau bedeutet Konzentration?

Was hat es mit dem Aufmerksamkeits-Defizit-Syndrom (ADS) auf sich?

Wie ist es um deine Konzentrationsfähigkeit bestellt?

Die Fähigkeit, sich konzentrieren zu können, ist eine Grundvoraussetzung für ein erfolgreiches und glückliches Leben. Arbeitest du *konzentriert* für die Schule, hast du nicht nur gute Noten, sondern auch mehr Freizeit.

Beim Sport wirst du mehr Spaß und Erfolg haben, wenn du konzentriert am Spiel teilnimmst und selbst ein Computerspiel kann zum Erfolgserlebnis werden, wenn du die Welt um den Bildschirm herum vergisst und neue Rekorde aufstellst.
Man wird sich gern mit dir unterhalten und du wirst mehr Freunde gewinnen, wenn du konzentriert am Gespräch teilnimmst, d.h., wenn du zuhören kannst, auf das Gesagte eingehst und die Unterhaltung weiterbringst.

Jeder kann konzentriert sein!
Wenn du lernst, dich für Aufgaben zu motivieren, durch körperliche und geistige Fitness die Voraussetzungen für Konzentration zu schaffen und dir zudem ein geeignetes Arbeitsumfeld und ein gut organisiertes Arbeitsverhalten zulegst, kannst du konzentriert sein. Wie das funktioniert, zeige ich dir in diesem Buch.
Falls du zu der Gruppe von Jugendlichen gehörst, die das Aufmerksamkeits-Defizit-Syndrom haben, kann dieses Buch für dich nicht die einzige Hilfe sein. Mehr dazu erfährst du ab Seite 14.

onzentratio

Was ist Konzentration?

Der Begriff „Konzentration“ kommt von dem lateinischen Wort „concentrare – sich in einem Punkt vereinigen, verdichten“. In Lexika oder Psychologiebüchern finden sich jedoch stets Abwandlungen dieser wörtlichen Übersetzung.

Konzentration bedeutet:

- die Aufmerksamkeit auf eine bestimmte Sache richten
- und sich dabei von nichts ablenken lassen.

Doch wie kannst du es schaffen, konzentriert zu sein?

Konzentration erlangst du

- indem du interessiert bist. So gelingt es dir auf Parties, auch im größten Stimmengewirr nur die Worte deines Gegenübers bewusst wahrzunehmen, weil du dich dafür interessierst.
- indem du körperlich und geistig fit bist, um deine Aufmerksamkeit auf *eine* Sache lenken zu können. Stell dir einen Leichtathleten unmittelbar vor einem wichtigen Wettkampf vor, der seinen Körper voll unter Kontrolle hat, um seine Bewegungsabläufe genau zu koordinieren.
- indem du einen klaren Kopf hast, um nicht abgelenkt zu werden. Ein Fluglotse darf sich während seiner Arbeit auch nicht ablenken lassen, denn dies könnte einen Absturz zur Folge haben.

- indem du hartnäckig bist, um Durststrecken und Motivationslöcher überwinden zu können. Nimm dir eine Gruppe von Forschern zum Vorbild. Sie werfen nicht alles hin, wenn ein Experiment nicht funktioniert, sondern lernen aus ihren Fehlern, um beim nächsten Anlauf mehr Erfolg zu haben.
- indem du organisiert bist, um die anstehenden Aufgaben auch in die Tat umsetzen zu können. Mit der richtigen Methode und einer sorgfältigen Planung gelingt es dir, deine Gedanken und Ideen in die richtigen Bahnen zu lenken – so wie es die Menschen bei der Post schaffen, für jeden der Millionen Briefe täglich den schnellsten und sichersten Weg zu finden.

Wie ist das bei dir?

Wann bist du konzentriert? In welchen Situationen gelingt es dir, dich lange mit nur *einer* Sache zu beschäftigen?

Warum kannst du dich dabei so gut konzentrieren?

Das Aufmerksamkeits-Defizit-Syndrom (ADS)

Untersuchungen an mehreren tausend Münchner Schülern haben gezeigt, dass etwa 6% der Jungen und 3% der Mädchen an dem sogenannten Aufmerksamkeits-Defizit-Syndrom – kurz ADS – leiden. Was hat es damit auf sich?

Symptome für ADS

Gibt es Kennzeichen, die du auch an dir beobachtet hast? Kreuze an, was dir bekannt vorkommt!

- Ich kann mich nicht konzentrieren – auch nicht für kurze Zeit.
- Ich schlage mich oft und habe mich häufig nicht unter Kontrolle.
- Meine Mitschüler haben Angst vor mir.
- Ich habe keine guten Freunde.
- Was meine Eltern und Lehrer sagen, geht bei mir zum einen Ohr rein und zum anderen wieder raus.
- Viele sagen, ich würde undeutlich sprechen.
- Ich kann oft nicht gut schlafen.
- Meine Stimmung schwankt sehr stark. Manchmal bin ich total gut drauf, dann könnte ich wieder nur heulen.
- Ich bin ein echter Draufgänger und verletze mich daher auch recht oft.
- Meine Eltern sagen, ich würde viel zu viel und viel zu schnell essen.

Ursachen für ADS

Zur Übertragung von Reizen an den Kontaktstellen der Nervenzellen (Synapsen) sind sogenannte Neuronentransmitter wie Serotonin, Dopamin und Noradrenalin nötig. Bei ADSlern liegt eine Störung des Neurotransmitterstoffwechsels vor. Die Menge der für die Signalübertragung notwendigen Neurotransmitter ist zu gering.

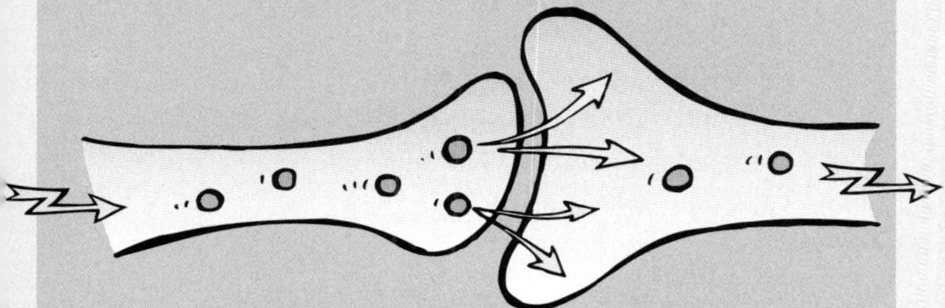

Wie kann man helfen?

Falls mehrere Erkennungsmerkmale auf dich zutreffen, solltest du mit deinen Eltern darüber sprechen, dir aber keine übertriebenen Sorgen machen! ADS kann man in den Griff bekommen und nicht selten löst sich das Problem im Laufe der Pubertät.

Ob du am ADS leidest oder nicht – dieses Buch ist in jedem Fall eine Hilfe, deine Konzentrationsfähigkeit zu verbessern. Im Falle von ADS kann es aber nicht die einzige Hilfe sein. Falls deine Eltern der Meinung sind, dass du am ADS leiden könntest, geh mit ihnen zusammen zu einer Beratungsstelle. Adressen findest du auf Seite 63.

Kleiner
Konzentrations-Check

Mit diesem kleinen Konzentrations-Check kannst du dir einen ersten Überblick über deine persönliche Konzentrationsfähigkeit verschaffen. Kreuze die Antworten an, die auf dich am ehesten zutreffen.

1. Reizen dich neue Aufgaben?

- In neuen Herausforderungen gehe ich so richtig auf. (1)
- Manchmal, aber eigentlich selten. (2)
- Ich kann mich zu nichts motivieren. (3)

2. Fühlst du dich frisch und ausgeschlafen?

- Ja, ich könnte Bäume ausreißen. (1)
- Es gibt Zeiten am Tag, da ist das so. (2)
- Lass mich bitte in Ruhe abchillen! (3)

3. Wo sind deine Gedanken?

- Immer bei der Sache, die ich gerade tue. (1)
- Bis auf ein paar Tagträume habe ich sie im Griff. (2)
- Wie, was? Ähh - ich glaube, ich habe keinen Einfluss darauf, die machen, was sie wollen. (3)

4. Machst du in Tests viele Flüchtigkeitsfehler?

- Was sind Flüchtigkeitsfehler? (1)
- Schon ein paar, meist zu Beginn und gegen Ende. (2)
- Schrecklich, immer alles rot. Dabei weiß ich doch, wie es richtig ist. (3)

Konzentrat

5. Bist du hartnäckig?

- Das ist alles eine Frage von Konsequenz und Disziplin. Was ich anfange, bringe ich auch zu Ende. (1)
- Manchmal zwinge ich mich zu etwas, aber selten. (2)
- Ich gehe stets den Weg des geringsten Widerstandes. (3)

6. Wie groß ist dein Bewegungsdrang?

- Ich bin die Ruhe selbst und trotzdem nicht schlapp. (1)
- Langes Sitzen oder Stehen fällt mir schwer.(2)
- Ich kann keine 10 Sekunden still sitzen. (3)

7. Hast du genügend Zeit?

- Ja, denn meine Aufgaben erledige ich schnell und zuverlässig. (1)
- Ja, wenn ich das eine oder andere nicht mache. (2)
- Ich komme zu nichts! (3)

8. Lässt du dich leicht ablenken?

- Es gelingt mir in der Regel, bei der Sache zu bleiben. (1)
- Nur durch wirklich spannende Dinge! (2)
- Leider von nahezu jedem Geräusch oder Blickfang. (3)

9. Hast du einen Überblick über deine Aufgaben?

- Ich weiß immer, was gerade zu tun ist. (1)
- Manchmal vergesse ich eine Aufgabe oder schaffe sie zeitlich nicht. (2)
- Mir ist alles zu viel! (3)

ons-Check

10. Der klassische d-Test

Der folgende Test liefert dir keine weiteren Punkte. Du kannst ihn immer wieder durchführen, um festzustellen ob sich deine Konzentrationsfähigkeit verbessert hat.

Du hast zwei Minuten, um ohne Hilfsmittel (z.B. Finger) die „d“ herauszusuchen. Markiere die Stelle, bis zu der du gekommen bist, und notiere die Anzahl der „d“.

d b d d q d p p q d d b b d b d b b d d q d d p d b b p d

q p b q b b q d b b p b p q q d d d d q b b p b q p d p d

d q b b q d p d d b b d b b b d q p d b b d d b b b d d q

q p b b d b d q p b d b d q q p b q q p d d b b b b b b b

b d q q p p p d d d b d d q d p p q d d b b q q d b d b b

d d q d b p d b b p b b d q p b q b b q d b b p q q d d d

d q b b p b b p q q b p d d q b b q d p d d d b b b d q p

b b b d d b b b d d d d q q b p p q b b p d b d q q p d q

q p d d b b b d d b b b b d q q p d p q d b d d d b d d q

d q p p q d d b b d b d b b d d q d b b p b b d q p b q b

b q d p d d q q p b b d b d q p b d b d q q p b q q p d d

b b b b b b b b d q b q p p p d d d b d d q d p p q d d b

b q q d b d b b p q d d q d b p d p p q d d b b d b d b b

d d q d d p d b b p d q p b q b b q d b b p b p q q d d d

p b b d d b b b b d q q p d p q d b d d d b d d q d q p p

q d d b b d b d b b d d q d b p d d q b b q d p d d b b d

b b b d q p d b b d d b b b d d q q p b b d b d q p d d d

d b d q q p b q q p d b p q b d b d q q p d q q p d d b b

b d d b b b b d q d b d b b d d q d b b p b b d q p b q b

Auswertung des Checks

Wie viele Punkte hast du erreicht?

9 bis 13 Punkte:
Du bist immer voll bei der Sache. Dieses Buch soll dir helfen, dass das auch so bleibt. Viel Spaß dabei.

14 bis 19 Punkte:
Du bist auf dem besten Weg zum Erfolg. Dieses Buch wird dir helfen, deine Konzentrationsfähigkeit weiter zu verbessern.

Mehr als 19 Punkte:
Du hast das Glück, dieses Buch in der Hand zu halten. Es wird dir dabei helfen, deine Konzentrationsfähigkeit zu steigern und dadurch in der Schule wie privat erfolgreicher und zufriedener zu werden.

Zusammenfassung

Konzentration heißt, seine Aufmerksamkeit auf eine bestimmte Sache zu richten und sich dabei nicht ablenken zu lassen. Du erreichst diese Konzentration durch körperliche und geistige Fitness, einen klaren Kopf und ein organisiertes Arbeitsverhalten.

Doch es gibt Grenzen. Wenn du am ADS leidest, solltest du zusätzlich ärztliche Hilfe in Anspruch nehmen. Wie es um deine persönliche Konzentrationsfähigkeit bestellt ist, hat dir der Konzentrations-Check gezeigt.

2. Volle Kraft voraus!

Wie kannst du durch Spaß an der Sache deine Konzentrationsfähigkeit verbessern?

Was hat Sport mit Konzentration zu tun?

In welchem Zusammenhang stehen Konzentration und Ernährung und was ist eigentlich Brain Food?

Kennst du Situationen, in denen du zu nichts fähig bist? Du fühlst dich einfach nur schlapp, lässt dich lieber auf dem Sofa liegend vom Fernsehgerät berieseln, als aktiv zu sein und anstehende Aufgaben in Angriff zu nehmen. Diese Trägheit kann folgende drei Ursachen haben:

- fehlende Motivation,
- zu wenig Bewegung und/oder
- falsche Ernährung.

Wer motiviert ist, ist auch konzentriert. Wer beim Tennis unbedingt den Sieg mit nach Hause nehmen möchte, vergisst die Welt um den Platz herum, konzentriert sich voll auf Ball und Gegner.

Wer trainiert und körperlich fit ist, hat wichtige Voraussetzungen geschaffen, um konzentrationsfähig zu sein. Experimente des Hirnforschers Terrence Sejnowski vom Salk Institute beweisen dies. Das Herz-Kreislauf-System arbeitet ruhig und effektiv und die Blutbahnen zum Kopf sind frei, um das Gehirn mit ausreichend Sauerstoff zu versorgen. Neben der Bewegung ist die Ernährung der wichtigste Faktor für körperliche Fitness.

Wie du dich motivieren und durch Sport sowie die richtige Ernährung deine Gehirnleistung und damit deine Konzentrationsfähigkeit verbessern kannst, erfährst du in diesem Kapitel.

Mit Spaß bei der Sache

Was hindert dich, Spaß an deiner Arbeit zu haben? Fühlst du dich vielleicht gelangweilt oder überfordert? Nimm dir ein Blatt und notiere deine persönlichen Motivationskiller! Falls du beim Lesen dieses Kapitels deine Motivationskiller wiederentdeckst, erfährst du, wie du sie erfolgreich bekämpfen kannst.

Überfordert?

Viele Schüler verlieren schon beim Anblick einer Aufgabe die Lust, sie zu bearbeiten, weil sie sich überfordert fühlen. Wenn ich von dir z.B. verlangen würde, den Elektronen-Bahn-Radius im Bohr'schen Atommodell zu berechnen, ginge es dir vermutlich auch so. Die folgenden Tipps helfen dir, das Gefühl von Überforderung loszuwerden.

Mach es wie Henry Ford!

Henry Ford, der Gründer der Ford-Motor-Company, ist der Erfinder der Fließbandarbeit, bei der viele Menschen viele verschiedene Arbeiten ausführen, die am Schluss doch ein Ganzes ergeben. So wird in tausenden kleinen Arbeitsschritten das High-Tech-Produkt „Auto" hergestellt, was für eine Person allein nie zu bewältigen wäre. Dieses Prinzip, Aufgaben in kleine und überschaubare Einzelschritte zu zerlegen und sie dadurch einfacher zu machen, solltest du dir auch zu eigen machen.

Wie eine solche Zerlegung der Aufgaben bezogen auf deinen Unterrichtsstoff aussehen kann, erfährst du, wenn im letzten Kapitel der Aktionsplan für ein besseres Arbeitsverhalten vorgestellt wird. Damit kannst du sogar den Bohr'schen Radius rausbekommen.

Lass dir nichts einreden, rede dir selbst was ein!

Du solltest dich von dem Geschwätz einiger Miesmacher nicht beeindrucken lassen! Besinn dich statt dessen auf deine Stärken. Frag dich: „Was kann ich so richtig gut? Worin habe ich bereits Erfolg gehabt?“, und versuche deine Fähigkeiten auf die neue Aufgabe anzuwenden. Mach dir Mut, dieses Buch zu lesen und die Ratschläge in die Tat umzusetzen, indem du deinen Mutmachersatz (z.B. „Ich bin gut drauf und schaffe das!“) formulierst!

Mein Mutmachersatz:

Gelangweilt?

Ein weiterer Motivationskiller ist Langeweile. Sie kommt meist dann auf, wenn man sich unterfordert fühlt.
So würde es dich wahrscheinlich schrecklich anöden, zu zählen, wie oft das Wort „du“ bis *jetzt* in diesem Buch vorgekommen ist. Doch auch gegen Unterforderung kannst du etwas tun:

Mach Aufgaben schwieriger!

So kannst du tatsächlich gegen Langeweile ankämpfen. Bezogen auf das „du"-Beispiel könntest du zunächst die Anzahl schätzen und dir für das Zählen ein Zeitlimit setzen. Du denkst jetzt vielleicht, dass du das mal schön sein lassen wirst, da kein Mensch so blöd ist, sich das Leben unnötig schwer zu machen. Aber genau das ist oft der richtige Weg. Du kennst vielleicht die kleinen Spielchen, auf Betonplatten beim Laufen die Fugen nicht berühren zu wollen oder mit dem Fahrrad exakt vor einer roten Ampel zum Stehen zu kommen, ohne bremsen zu müssen. Auf diese Weise machst du Aufgaben schwieriger – führst einen Wettkampf mit dir selbst, um mehr Spaß und am Ende Erfolg zu haben. (Übrigens: die richtige Antwort lautet: 69 mal „du"!)

Uninteressant?

Ein weiterer Motivationskiller ist das Desinteresse. Aufgaben interessant zu gestalten ist nicht einfach. Dennoch gibt es Tricks, mit denen es gelingen kann. Probier es doch einfach einmal aus und versuch, die folgende Aufgabe zu lösen:

Verbinde die neun Punkte mit vier geraden Strichen – ohne abzusetzen und ohne eine Linie zweimal zu fahren.
(Lösung auf Seite 33)

Beginne mit der 5-Minuten-Strategie

Wenn du die Aufgabe gleich beginnst, wirst du merken, wie dich der Ehrgeiz packt, die Lösung zu finden. Das Interesse wächst und du bist konzentriert bei der Sache. Falls dein Interesse nicht innerhalb der ersten fünf Minuten wächst, leg die Aufgabe zur Seite und versuch es zu einem späteren Zeitpunkt noch einmal.

Such dir Vorbilder!

Wenn man ein Vorbild hat, ist es leicht, sich für ein Fachgebiet oder eine Freizeitbeschäftigung zu begeistern. So lösten z.B. Boris Becker und Steffi Graf Mitte der 80er-Jahre einen regelrechten Tennis-Boom aus.
Vielleicht gibt es in deiner Verwandtschaft oder unter deinen Lehrern eine Person, der du gerne nacheifern würdest. Für deine Motivation wäre es eine tolle Sache.

Nutze deine Möglichkeiten!

Sei dir stets bewusst, dass du in einem Land lebst, in dem du alle Möglichkeiten hast, etwas aus dir zu machen. In Schulen, Universitäten und Bibliotheken steht dir das Wissen der Welt kostenlos zur Verfügung. Nutze diese Chance und mach was draus!

Sei hartnäckig!

Wenn du dich nun motivieren konntest, eine Aufgabe in Angriff zu nehmen, hilft dir auf dem Weg zum Erfolg vor allem eines weiter: Hartnäckigkeit!

Wie wichtig diese Eigenschaft ist, können viele berühmte Persönlichkeiten bestätigen:
Die Beatles haben sich jahrelang in Kellern und kleinen Clubs die Finger blutig gespielt, bevor sie die erfolgreichste Band aller Zeiten wurden. Von Klaus Kinski, dem genialen und durchgeknallten Schauspieler, weiß der Regisseur Werner Herzog zu berichten, dass er in jungen Jahren bis zur totalen Erschöpfung wochenlang und ununterbrochen vor einem Spiegel probte. Und Albert Einstein sind seine Relativitätstheorien nicht im Vorbeigehen eingefallen, sie sind vielmehr das Ergebnis jahrelanger konzentrierter Arbeit.
Joey Kelly, Musiker, Manager und Ausdauersportler meint dazu: „Wenn man sich überlegt, warum man auch aufgeben könnte, hat man eigentlich schon aufgegeben."
Gib also nicht auf! Denk nicht mal daran! Begabung allein reicht nicht aus, du musst zudem hartnäckig genug sein, deine Begabung konsequent zu nutzen.

Move your body!

In Klöstern wurden früher eigens Wandelgänge angelegt, in denen sich die Mönche während des Nachdenkens bewegen konnten. Man hatte also schon vor Jahrhunderten erkannt, dass sich Bewegung positiv auf die Konzentrationsfähigkeit auswirkt. Aber warum?

Sport regelt deinen Gehirnhaushalt

Neurotransmitter sind in deinem Gehirn dafür verantwortlich, Reize und damit Informationen im Netzwerk der Nervenzellen weiterzuleiten. Damit du dich konzentrieren kannst, muss dein Neurotransmitterhaushalt ausgewogen sein, d.h., die verschiedenen Stoffe müssen in einem bestimmten Verhältnis zueinander vorhanden sein.

Durch Sport kannst du dieses Verhältnis optimieren, da die Neurotransmitter vermehrt im Sauerstoffüberschuss gebildet werden – also in dem Bewegungszustand, in dem dein Körper mehr Sauerstoff aufnimmt, als er benötigt. Das tut er bei vielen Sportarten, z.B. beim langsamen Joggen, beim Skilanglauf oder bei einer langen Radtour.

Sport baut Stress ab

Stress ist einer der größten Konzentrationskiller und wird durch das Stresshormon Adrenalin verursacht. Durch Bewegung wird dieses Hormon im Körper abgebaut und die Konzentrationsfähigkeit steigt wieder an.

Freie Bahn für freie Gedanken

Fett lagert sich gern in deinen Blutgefäßen ab und kann dort die Sauerstoff- und Nährstoffzufuhr zum Gehirn behindern. Als Folge lässt die geistige Leistungsfähigkeit stark nach. Durch Bewegung bauen deine Muskeln dieses Fett mit Hilfe von fettabbauenden Enzymen ab und sorgen dafür, dass du fit wirst – körperlich wie geistig.

Sport sorgt auch für geistige Beweglichkeit

Du weißt vielleicht, dass deine linke Gehirnhälfte deine rechte Körperhälfte steuert und umgekehrt. Beim Sport müssen beide Körperhälften perfekt harmonieren. Sport fördert also die Koordination deiner Gehirnhälften. Das kommt dir auch beim Lernen zugute. Je besser beide Gehirnhälften zusammenarbeiten, umso leichter fällt es dir, dich zu konzentrieren.

Treibe Mannschaftssport!

Mannschaftssport hat unglaublich viele Vorteile:

- Mannschaftssport macht Spaß!
- Du lernst, mit unterschiedlichen Leuten gut auszukommen.
- Du lernst, den Überblick zu behalten und auf unerwartete Situationsänderungen blitzschnell zu reagieren.
- Du lernst, dich selbst besser einzuschätzen.
- Du förderst die Zusammenarbeit deiner Gehirnhälften.
- Du lernst Durchhaltevermögen und Hartnäckigkeit, denn du musst zum Training, auch wenn du keine Lust hast, und du musst ein Spiel zu Ende bringen, auch wenn du eigentlich schon nicht mehr kannst.
- Du lernst, mit Niederlagen umzugehen.

Sport als Konzentrationsübung

Siehst du gern Sportübertragungen im Fernsehen? Wenn ja, ist dir sicher schon aufgefallen, wie angespannt und konzentriert Profisportler im Wettkampf sind. Der Tennisspieler vor dem Aufschlag, der Leichtathlet vor dem Start oder der Fußballer beim Elfmeter – sie alle befinden sich in einer Phase höchster Konzentration. Diese enorme Konzentrationsfähigkeit haben sie sich im Rahmen vieler Trainingsstunden angeeignet.

Nutze auch du das Konzentrationstraining „Sport“ und profitiere davon in Schule und Freizeit!

Power-Nahrung für dein Gehirn!

Der Begriff „Brain Food" ist mittlerweile in aller Munde. Dahinter verstecken sich Nahrungsmittel, die unserem Gehirn das geben, was es braucht, um konzentrationsfähig zu sein, beispielsweise Serotonin und Dopanin, aber auch Acetylcholin und Katecholamine. Doch was solltest du essen, damit dein Gehirn diese Stoffe ausschütten kann?

Vitamine

Vitamine sind vor allem in frischem Obst, Salat und Gemüse. Du solltest diese Lebensmittel nach Möglichkeit in Form von Rohkost zu dir nehmen, da durch die Hitze beim Kochen oder Braten ein erheblicher Teil der Vitamine verloren geht.

Mineralstoffe

Mineralstoffe wie Kalzium, Magnesium, Jod, Eisen und Zink sind ebenfalls vor allem in frischem Salat und Gemüse enthalten. Dem Eisen kommt dabei eine besondere Bedeutung zu, da Eisenmangel die Konzentrationsfähigkeit stark herabsetzt. Die Eisenaufnahme wird durch Fleisch, Fisch und Geflügel verbessert.

Kohlehydrate

Kohlehydrate sind die wichtigsten Energielieferanten. Sie kommen in Nudeln, Reis, Kartoffeln und Vollkornbrot vor.

Eiweiß

Eiweiß ist einer der wichtigsten Nahrungsbestandteile. Nur wenn du ausreichend Eiweiß zu dir nimmst, kann dein Gehirn optimal arbeiten. Eiweißlieferanten sind z. B. Hülsenfrüchte wie Linsen oder weiße Bohnen, aber auch Fisch und Fleisch.

Süßigkeiten = Nervennahrung?

Gehörst du auch zu denen, die glauben, hin und wieder etwas Süßes zu brauchen, um die Nerven zu beruhigen und so die Konzentrationsfähigkeit zu verbessern? Dann solltest du wissen, dass das bestenfalls kurzzeitig funktioniert. Wenn du Zucker oder Traubenzucker aufnimmst, erhöht sich dein Blutzuckerspiegel zunächst und du hast kurzzeitig das Gefühl leistungsfähiger zu sein. Ist der Blutzuckerspiegel durch die Süßigkeit sehr hoch, dann bekommt deine Bauchspeicheldrüse den Befehl: Insulin produzieren! Dieses Hormon senkt den Blutzuckerspiegel extrem ab. Die Folge: Du bist schlapper und unkonzentrierter als vorher und bekommst immer mehr Lust auf Süßes.

Fruchtzucker ist besser!

Fruchtzucker aus Bananen, Orangen oder Äpfeln hat eine beruhigende Wirkung auf deine Nerven. Er führt nicht zu heftigen Blutzuckerschwankungen, sondern liefert deinem Gehirn *kontinuierlich* Energie.

Trink, trink …!

Ausreichend Flüssigkeit ist sehr wichtig. Trink daher über den Tag verteilt möglichst viel – auch beim Arbeiten! Am besten eignet sich Apfelsaftschorle, denn das Mineralwasser liefert Mineralstoffe wie Magnesium und Kalzium und der Apfelsaft zusätzlich Vitamine.

Davon solltest du die Finger lassen!

- *Koffein*, denn wer häufig Kaffee, Tee oder Cola trinkt, ist bei Entzug reizbar, nervös, müde, lustlos und unkonzentriert.
- *Fett*, denn zu fettes Essen bremst deine Konzentration.

Brain-Power-Speisekarte

Falls dich deine Eltern demnächst nach deiner Leibspeise fragen …! Hier ist Platz für deine Brain-Power-Speisekarte, die z. B. Vollkornmüsli am Morgen, Salat am Mittag und viel frisches Obst enthalten sollte.

Tipp

Frühstücke!

Ein reichhaltiges Frühstück mit Milch, Joghurt, Vollkornbrot, Haferflocken, Obst und frischem Fruchtsaft liefert Eiweiß, Vitamine, Lecithin und wichtige Aminosäuren, wodurch dein Serotonin-Spiegel steigt – und damit auch deine Konzentrationsfähigkeit! Wenn du früh morgens noch keinen Hunger hast, nimm dir ein Pausenbrot, einen Becher Joghurt, Obst und rohes Gemüse mit in die Schule.

Zusammenfassung

- **Die drei Säulen deiner körperlichen und geistigen Fitness sind Motivation, Bewegung und Ernährung.**
- **Du motivierst dich, indem du die Motivationskiller Über- bzw. Unterforderung und Desinteresse durch einfache Tricks ausschaltest und dich hartnäckig zeigst.**
- **Durch Bewegung und die richtige Ernährung wirst du körperlich und damit auch geistig ausdauernder und kannst dich länger konzentrieren. Verantwortlich dafür sind unter anderem die Neurotransmitter, die der Körper in bestimmten Situationen vermehrt produziert.**

Übrigens, des Rätsels Lösung:

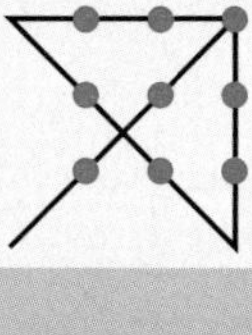

3. Mit klarem Kopf geht's besser

Was hat dein Arbeitsplatz mit deiner Konzentration zu tun?

Wie helfen dir Erholung und Entspannung, dich besser zu konzentrieren?

Weißt du, wie du deine Bedürfnisse managen kannst, um konzentriert zu arbeiten?

Der Straßenlärm betäubt deine Ohren, der Wellensittich tut sein übriges, während die Katze um deine Beine streicht. Deine Mutter steht hinter dir und löchert dich, warum du so spät nach Hause gekommen bist, warum Lukas nicht dabei war und überhaupt – wo du eigentlich warst. Du willst von all dem nichts hören, denn dir geht der Streit mit Sarah nicht aus dem Kopf und du musst außerdem aufs Klo. Du bist völlig genervt, dein Nacken ist verspannt und dein Schädel brummt. Zu allem Übel findest du unter einem Stapel von Büchern, Heften und CDs einen Zettel: morgen Mathearbeit!

Kennst du diese oder ähnliche Horrorszenarien, in denen du keinen klaren Gedanken fassen kannst, obwohl du es müsstest? Du hast nun die Gelegenheit, deine größten Konzentrationskiller aufzuschreiben. Suche dann auf den folgenden Seiten nach Tipps, die dir helfen, sie zu beseitigen.

Meine größten Konzentrationskiller:

Der richtige Arbeitsplatz

Hast du schon einmal versucht, am Bahnhof, an der Bushaltestelle oder im Schulbus Hausaufgaben zu machen? Wenn ja, warst du mit dem Ergebnis zufrieden? Hast du schon einmal die Wiederholung des Unterrichtsstoffes bis zur letzten Pause vor der Klassenarbeit aufgeschoben? Was kam dabei heraus? Dein Arbeitsumfeld hat Auswirkungen auf deine Konzentration. Damit wird ein sinnvoll gestaltetes Umfeld zu einer Voraussetzung für konzentriertes Arbeiten. Versuche deshalb, folgende Tipps beim Arbeiten zu berücksichtigen.

Arbeite an einem festen Arbeitsplatz!

Wenn du stets an einem festen Platz arbeitest, ist dieser Ort für dich mit der Tätigkeit „Arbeiten“ verknüpft. Außerdem ist dir deine Arbeitsumgebung vertraut; es gibt dort nichts Neues, das dich ablenken könnte.

Wo steht dein Schreibtisch?

Der Tisch, an dem du arbeitest, sollte so ausgerichtet sein, dass du zur Wand blickst und das Licht von links (bei Linkshändern von rechts) einfällt. So ist es hell und du wirst trotzdem nicht durch das abgelenkt, was sich vor deinem Fenster abspielt.

Sitzkeil statt Stuhlkippeln

Gehörst du zu denjenigen, die durch ständiges Stuhlkippeln sich selbst und andere ablenken und hin und wieder für Aufsehen sorgen, da einmal mehr die Schwerkraft gesiegt hat? Wenn ja, verwende einen Sitzkeil oder einen Wackelball! Ein Sitzkeil sorgt dafür, dass du aufrecht sitzt, ein Pezzi-Ball hält dich zusätzlich in Bewegung. Das ist besser für deine Wirbelsäule *und* für deine Konzentration.

Schirm dich ab gegen Störungen von außen!

Neben der Ablenkungsgefahr, die von einem Fenster im Arbeitsbereich ausgeht, ist es vor allem der Lärm, der dich vom konzentrierten Arbeiten abhält. Sorg daher dafür, dass dein Arbeitszimmer eine Tür hat, die du schließen kannst. Betäubt Straßenlärm deine Ohren, dann schließ auch das Fenster.

Aber sorg auch für ausreichend Sauerstoff!

Ohne genügend Sauerstoff wirst du sehr schnell müde und unkonzentriert. Arbeite daher nach Möglichkeit bei leicht geöffnetem Fenster. Im Winter oder bei zu großem Außenlärm lüfte vor dem Arbeiten kräftig durch.

Benutze eine To-Do-Box!

Bastle deine persönliche To-Do-Box, die dir helfen soll, bei der Sache zu bleiben. Wenn deine eigenen Gedanken zu Konzentrationskillern werden, solltest du sie aus deinem

Kopf befördern, auf einen Zettel bannen und diesen in deine To-Do-Box legen. So können sie dich nicht ablenken, gehen aber dennoch nicht verloren. Wenn du deine Aufgabe fertig bearbeitet hast, kannst du dich um die Dinge kümmern, die du aufgeschrieben hast.

Beherrsche das Chaos!

Ordnung am Arbeitsplatz ist aus zwei Gründen wichtig. Zum einen musst du deine Konzentration nicht durch lästiges Suchen unterbrechen, zum anderen wirst du nicht von Gegenständen wie Computerspielen, Handys oder Zeitschriften vom Arbeiten abgelenkt. Ordnung heißt in diesem Zusammenhang aber nicht, dass dein Zimmer aussieht, als hätte dort ein Raumpflegerwettbewerb stattgefunden. Es kommt darauf an, dass du weißt, welche Arbeitsmaterialien wo zu finden sind.

Schaff dir eine Wohlfühl-Atmosphäre!

Eine angenehme Arbeitsatmosphäre ist Voraussetzung für konzentriertes Lernen. Gestalte dein Zimmer so, dass du dich darin wohl fühlst. Dazu können Bilder, Pflanzen und angenehme Farben beitragen.

Aufgabe

Setz die Ratschläge in die Tat um und mach aus deinem Zimmer einen Ort der Konzentration. Bei größeren Umbaumaßnahmen frag aber zunächst deine Eltern.

Abchillen – aber richtig!

Hindert dich oft eine innere Anspannung daran, konzentriert zu arbeiten? Bist du vor Klassenarbeiten oft nervös und zittrig? Wenn ja, werden dir die nächsten Seiten genauso helfen wie demjenigen, der sich oft müde fühlt und nur schwer in Schwung kommt. Du erfährst nun, wie du durch Entspannung deine Konzentration steigern und sinnvoll „abchillen“ kannst.

Wieso geht's mit Entspannung besser?

Der Übergang von Stress und Unruhe zu einer Phase der Erholung und Entspannung wird vom vegetativen Nervensystem gesteuert, das unter anderem für die Selbstregulierung deiner inneren Organe verantwortlich ist. In der Entspannungsphase setzen deine Organe erheblich weniger Energie um – dein Körper läuft auf „Sparflamme“. Die eingesparte Energie kannst du dann umso mehr beim Lernen nutzen. Du kannst klarer denken und dich besser konzentrieren.

Vorbereitungen

Um durch Entspannungsübungen zu neuer Energie zu gelangen, musst du einige Vorbereitungen treffen. Achte auf eine störungsfreie Umgebung und sorg für ausreichend frische Luft. Wenn es dich irgendwo zwickt oder drückt, stelle es nach Möglichkeit ab. Kleide dich bequem und geh vorher nochmal auf's Klo!

Entspannungsübungen sind doof?!

Entspannungsübungen sind nicht nur was für Buchweizengrützeesser und Grünteetrinker. Auch wenn du die Übungen zu Beginn albern findest und dir alles recht komisch vorkommt, solltest du dich dennoch darauf einlassen. Nur dann funktioniert es und dein Körper kann wirklich entspannen.

Schlaf ist die beste Entspannung

Studien haben ergeben, dass wir zu wenig schlafen – pro Nacht durchschnittlich zwei Stunden weniger als unsere Vorfahren vor hundert Jahren. Dabei ist Schlaf enorm wichtig. Erwachsene sollten sich etwa 8 Stunden pro Tag in süßen Träumen wiegen, Kids – je nach Alter – bis zu 10 Stunden. Darüber hinaus schenkt dir ein Mittagsschlaf neue Kraft! Achte jedoch darauf, dass er nicht länger als 30 Minuten dauert, sonst gerät dein Schlafrhythmus durcheinander.

Atemübung

Wenn du einen Kick brauchst, um wieder voll bei der Sache zu sein, atme langsam ein und schnell aus. Wenn du sehr müde bist, geschieht dies sogar als Reflex deines Körpers; du gähnst und atmest so sehr lange ein. Wenn du aber zur Ruhe kommen willst, z.B. wenn du vor oder während einer

Klassenarbeit nervös und unkonzentriert bist, dann atme zügig ein und langsamer aus. Geh dabei folgendermaßen vor:

- Schließ deine Augen.
- Atme durch die Nase tief ein und zähl dabei in Gedanken 1–2–3.
- Halt die Luft an, während du weiter zählst 4–5.
- Atme durch den Mund langsam aus und zähl dabei rückwärts 4–3–2–1–0.
- Wiederhole diese Übung 5 bis 10 mal.

Der Kranich

Auch mit dieser Übung kannst du deine Konzentration verbessern.

- Nimm dazu die abgebildete Körperhaltung ein,
- press deine Zunge von innen gegen die Schneidezähne,
- fixiere mit deinen Augen einen festen Gegenstand
- und atme gleichmäßig ein und aus.

Muskelentspannung

Wenn du nach langem Sitzen am Schreibtisch verspannt bist, verhilft dir eine Muskelentspannung zu neuer Stärke. Leg dich zunächst entspannt auf den Rücken. Spann dann die folgenden Muskelgruppen wie beschrieben nacheinander fest an. Halte die Spannung jeweils 5 bis 8 Sekunden und mach nach jeder Muskelgruppe etwa 20 Sekunden Pause.

- Beine strecken, Waden in den Boden drücken, Füße anziehen und Zehen spreizen
- Bauch ausstrecken und Pobacken zusammenkneifen
- Fäuste ballen und zur Schulter ziehen
- Kopf vom Boden abheben und Schultern nach innen zusammenziehen
- Grimassen schneiden

Schieß los!

Stell dir vor, du wärst ein Bogenschütze, hieltest den Bogen in der linken und den Pfeil mit der Sehne in der rechten Hand. In einem (Atem)Zug nimmst du den Bogen hoch, spannst ihn, zielst und atmest ein. Während du das Ziel fest im Blick hast, hälst du die Luft an, um schließlich auszuatmen, während du die Sehne loslässt und den Bogen wieder nach unten nimmst. Wiederhole diese Übung dreimal, und zwar unmittelbar nacheinander, um dich so voll konzentriert auf ein neues Ziel einzuschießen.

Bedürfnisse managen

Bedürfnisse bestimmen dein Leben. Wonach du auch strebst, was immer du dir wünschst, hinter allem steht ein Bedürfnis. Manche motivieren dich und helfen dir so, konzentriert zu arbeiten. Andere belasten dich und wirken als wahre Konzentrationskiller. Einen klaren Kopf haben heißt also auch, mit seinen Bedürfnissen richtig umzugehen. Wie man das macht, erfährst du jetzt.

Damit du deine Bedürfnisse besser managen kannst, werden sie in verschiedene Arten unterteilt.

Grundbedürfnisse

Grundbedürfnisse wie Essen & Trinken, Schlaf, Bewegung oder das Bedürfnis, auf die Toilette zu gehen, müssen befriedigt werden. Ansonsten ist die Ablenkung, die sie bewirken, zu groß, um konzentriert arbeiten zu können. Das gilt übrigens auch für Klassenarbeiten. Wenn du musst, geh! Die drei dafür geopferten Minuten holst du anschließend durch doppelt konzentriertes Arbeiten wieder auf.

Bedürfnis nach Erfolg

Wer zu wenig Anerkennung bekommt, fühlt sich nicht wohl! Du brauchst Erfolgserlebnisse, die dir Selbstvertrauen schenken, und eine gewisse Stellung in der Klasse, im Sportverein oder im Freundeskreis sichern. Das Bedürfnis nach persönlichem Erfolg ist deshalb sehr hilfreich, um motiviert und konzentriert zu arbeiten. Überleg dir, was du erreichen willst, und verfolge dein Ziel hartnäckig und konzentriert.

Soziale Bedürfnisse

Soziale Bedürfnisse sind z. B. die Sehnsucht nach Freundschaft und Liebe, nach Eltern, die für dich da sind, und nach Menschen, mit denen du auch über Probleme reden kannst. Diese Bedürfnisse kannst du besser managen als etwa deine Grundbedürfnisse. Plane, wie und wann du dich um sie kümmern willst, um dich von ihnen nicht beim konzentrierten Arbeiten ablenken zu lassen. Folgende Tipps sowie Kapitel 4 werden dir dabei helfen.

Führ Sprechzeiten ein!

Du musst nicht immer für jeden deiner Freunde erreichbar sein. Klär ab, wann du ausschließlich arbeiten möchtest und wann du dich mit Freunden treffen oder unterhalten möchtest. Dann bleiben konzentrationskillende Telefonate, Short-Messages und Besuche während deiner Arbeitsphase aus.

Das 3-Stufen-Programm

Wenn dich ein zwischenmenschliches Problem bedrückt und dich vom konzentrierten Arbeiten abhält, dann:

1. Versuch es mit einem Vermerk für deine To-Do-Box.
2. Falls das keine Wirkung zeigt, schreib dir alles von der Seele. Oft geht es danach schon viel besser.
3. Wenn all das nichts hilft, versuch das Problem erst zu regeln und mache dich dann an die Arbeit.

Sicherheitsbedürfnisse

Sicherheitsbedürfnisse sind von sozialen Bedürfnissen oft nur schwer zu unterscheiden. Indem deine Eltern für deinen Lebensunterhalt sorgen, befriedigen sie z. B. auch dein Bedürfnis nach Sicherheit. Aber auch der Wunsch, dich bei Klassenarbeiten sicher zu fühlen, ist letztendlich ein Sicherheitsbedürfnis. Wenn du dich wegen einer schlechten Vorbereitung bei einer Prüfung unsicher fühlst, fällt es dir schwer, dich zu konzentrieren.

Besiege deine Konzentrationskiller

Hast du beim Lesen dieses Kapitels einige deiner Konzentrationskiller wiedererkannt? Wenn ja, findest du hier einige Vorschläge für Sofortmaßnahmen. Kreuze an, welche der folgenden Maßnahmen du sofort ergreifen möchtest!

Maßnahme	o.k.
FESTER ARBEITSPLATZ	○
ARBEITSPLATZ NUR MIT ARBEITSMATERIALIEN AUSSTATTEN	○
TO-DO-BOX BASTELN	○
ENTSPANNUNGSÜBUNGEN AUSPROBIEREN	○
WOHLFÜHLATMOSPHÄRE SCHAFFEN	○
FÜR AUSREICHENDEN SCHLAF SORGEN	○
SPRECHZEITEN EINFÜHREN	○
BEDÜRFNISSE MANAGEN	○

Wahrscheinlich hast du noch weitere eigene Konzentrationskiller gefunden. Überlege, wie und bis wann du sie beseitigen kannst:

Maßnahme	bis wann	ok

Zu schwierig? Vielleicht kann ich dir helfen. Fragen an: bjoern.gemmer@lernteam.de.

Zusammenfassung

Auf dem Weg zu einem klaren Kopf musst du drei Stationen passieren:

- **Bau Ablenkungen ab, indem du deinen Arbeitsplatz störungsfrei gestaltest und eine Atmosphäre zum Arbeiten und Wohlfühlen schaffst;**
- **Gelange zu innerer Ruhe, indem du Entspannungstechniken wie Atemübungen oder Muskelentspannungen durchführst;**
- **Lass dich nicht von deinen eigenen Bedürfnissen aus dem Konzept bringen, sondern befriedige deine zahlreichen und unterschiedlichen Bedürfnisse zur richtigen Zeit.**

4. Alles unter Kontrolle

Wie hilft dir eine gute Planung, deine Aufgaben in den Griff zu bekommen?

Wie kannst du Stress überwinden und dadurch deine Konzentrationsfähigkeit steigern?

Wie sieht konzentriertes Arbeiten aus?

Nachdem du in den ersten drei Kapiteln eine Menge über Konzentration erfahren hast, kannst du nun mit einem Aktionsprogramm durchstarten und endgültig zum Konzentrations-Profi werden. Schluss mit Chaos, Stress, Plan- und Ziellosigkeit! Wenn du genau weißt, wann du was zu tun hast, kannst du die anstehenden Aufgaben in der dir zur Verfügung stehenden Zeit erledigen.
Wenn du zum richtigen Zeitpunkt Pausen machst und diese sinnvoll gestaltest, bist du immer frisch und konzentriert bei der Sache. Mit einem Ziel vor Augen und der richtigen Strategie, dieses Ziel zu erreichen, kannst du deine Konzentrationsfähigkeit noch einmal verbessern.

Sofortmaßnahme: Gedankenstopp

Sind deine Gedanken gerade dabei abzuschweifen? Dann verbiete es ihnen! Stopp deine Gedanken auf ihren Irrwegen, leite sie zurück zur anstehenden Aufgabe! Je häufiger du diese Übung durchführst, umso besser wird sie dir gelingen. In Härtefällen kannst du auch einen Wecker im Viertelstunden-Takt klingeln lassen, der dich aus deinen Tagträumen reißt.

Die Zeit im Griff

Hast du oft das Gefühl, alles bricht über dir zusammen, weil du einfach zu viel zu tun hast? Als Folge wirst du nervös und gerätst in Stress. Schließlich bist du so unkonzentriert, dass gar nichts mehr geht, während dir die Zeit davonläuft. Aber so muss es nicht sein! Lern, deine Zeit sinnvoll einzuteilen, indem du dir zunächst einen Überblick verschaffst und dann folgende Tipps beachtest.

Arbeite zur richtigen Zeit!

Die folgende Tagesleistungskurve ist eine Durchschnittskurve, die auf verschiedenen medizinischen Untersuchungen beruht. Demnach ist die beste Zeit für Hausaufgaben zwischen 16 und 18 Uhr. Das „Suppenkoma" nach dem Mittagessen verhindert konzentriertes Arbeiten, da der Körper viel Energie zum Verdauen benötigt.

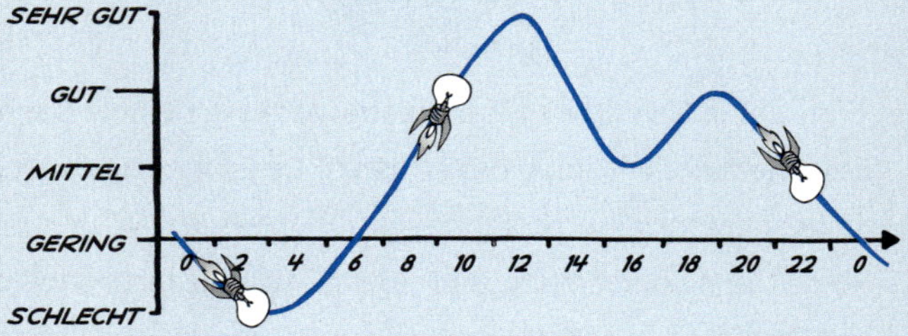

Zeichne in das Diagramm deine persönliche Tagesleistungskurve ein. So findest du deine optimale Lernzeit heraus und kannst dich danach richten!

Stell die leichteste Aufgabe an den Anfang!

Beim Sport ist Aufwärmen Pflicht! Wärm dich auch vor dem konzentrierten Lernen mit etwas Leichtem auf! Außerdem motiviert es dich sicherlich, wenn du zu Beginn schnell mit einer Aufgabe fertig bist.

Gestalte deinen Zeitplan abwechslungsreich!

Unterteile deine Aufgaben nach Fachrichtung, Schwierigkeitsgrad oder mündlichen und schriftlichen Aufgaben und misch sie dann bunt durcheinander. So vermeidest du Langeweile und sogenannte Ähnlichkeitshemmungen, die zu Verwechslungen des Lernstoffs führen und deine Aufnahmefähigkeit herabsetzen. Du solltest also nach dem Lernen von Englisch-Vokabeln besser Matheaufgaben als Französisch-Vokabeln in Angriff nehmen.

Setz dir ein Zeitlimit!

Die Parkinson'sche Regel besagt, dass man für eine Aufgabe genau so viel Zeit benötigt wie man dafür vorsieht. Du solltest also den Zeitpunkt für den Beginn und das Ende deiner Aufgabe genau festlegen und dich auf diese Weise zum konzentrierten Arbeiten zwingen.

Falls du aber unter Zeitdruck nicht konzentriert arbeiten kannst, plan lieber etwas mehr Zeit ein. Für den Fall, dass du dann doch weniger Zeit brauchst, motiviert dich das zum konzentrierten Weiterarbeiten.

Mit Pausen zu neuer Energie

Der folgende Tipp dürfte dir gefallen: Mach Pausen, denn Pausen sind notwendig, um über längere Zeit konzentriert arbeiten zu können.

Pausen sind effektiv

Bei einem Experiment sollten zwei Gruppen von Schülern eine lange Zahlenreihe addieren. Während Gruppe 1 die Aufgabe ohne Pause erledigen musste, hatte die 2. Gruppe den Auftrag, in gewissen Zeitabständen kurze Pausen einzulegen. Am Ende hatte Gruppe 2 nicht nur weniger Fehler, sondern war auch trotz Pausen schneller fertig.

Konzentrationsfähigkeit während einer Stunde

Die folgende Grafik zeigt den durchschnittlichen Verlauf der Konzentrationsfähigkeit einer Person während einer Stunde. Nach 25 Minuten sollte man eine Pause einlegen, sonst lässt die Konzentration stark nach.

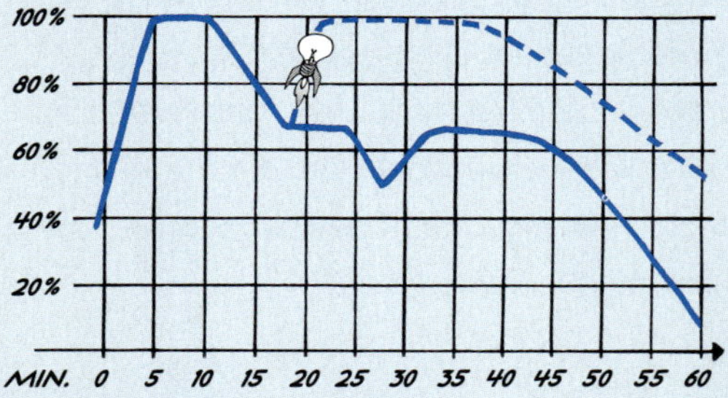

Finde den richtigen Pausenrhythmus!

Grundsätzlich kannst du weiterarbeiten, solange du konzentriert bei der Sache bist. Sobald du aber merkst, dass deine Konzentration nachlässt, solltest du eine kurze Pause von 2 bis 5 Minuten einlegen. Wann es soweit ist, hängt unter anderem von deinem Alter ab:

- bei 8 bis 9-jährigen nach etwa 20 Minuten,
- bei 10 bis 12-jährigen nach etwa 25 Minuten und
- bei über 12-jährigen nach spätestens 30 Minuten.

Spätestens nach anderthalb bis zwei Stunden ist es Zeit für eine Pause von 15 bis 20 Minuten. Es ist sinnvoll, die Pausen mit zunehmender Lernzeit zu verlängern.

Die richtige Pausengestaltung

Damit du nach der Pause auch wieder fit bist, um konzentriert weiterarbeiten zu können, solltest du deine Pausen aktiv gestalten. Hier einige Vorschläge:

- Geh an die frische Luft und tanke Sauerstoff!
- Trink etwas, am besten Apfelschorle oder Mineralwasser!
- Iss eine Kleinigkeit, achte dabei auf Vitamine und Mineralstoffe und vermeide Fett und Süßigkeiten!
- Mach Entspannungsübungen, wie auf den Seiten 40 bis 42 beschrieben.
- Motiviere dich zu kleinen Bewegungs- oder Dehnungsübungen.

Das 10-Punkte-Programm

Handelst du oft unüberlegt und voreilig? Machst du dadurch häufig Fehler oder scheiterst gar an deinen Aufgaben? Das folgende 10-Punkte-Programm für konzentriertes Arbeiten hilft dir, diese Probleme in den Griff zu bekommen, wenn du es konsequent anwendest.

Aufgabe

Um das Programm gleich zu verinnerlichen, solltest du parallel zum Lesen versuchen, die folgende Knobel-Aufgabe zu lösen: Ordne 10 Münzen in 5 geraden Reihen zu je 4 Münzen an! Alles, was sich konkret auf diese Aufgabe bezieht, ist im Folgenden kursiv geschrieben.

1. Zuhören bzw. genau lesen

Oft scheitert man schon daran, dass die Aufgabenstellung falsch oder unvollständig aufgenommen wird. Hör bei mündlichen Aufgabenstellungen daher genau zu, und zwar bis sie fertig vorgetragen worden sind!

Lies schriftliche Aufgabenstellungen sehr sorgfältig, am besten zweimal!

Die Aufgabenstellung steckt in nur einem Satz! Finde ihn und lies ihn sorgfältig!

2. Langsam, ganz langsam!

Leg nicht gleich los, lass dir Zeit, bloß nicht hektisch werden!

3. Wie lautet die Aufgabe?

Finde heraus, was zu tun ist. Erfasse dazu den Sinn der Aufgabenstellung und gib sie in eigenen Worten wieder. Wirklich verstanden? Nein? Dann noch einmal! Lass dir Zeit!

Wie? Was? 10, 5, 4?
Was soll ich machen?

4. Checke deine Vorkenntnisse!

Über welches Vorwissen verfügst du bezüglich dieses Themas? Hast du darüber nicht schon mal etwas gelesen? Wo und wann war das? War die Aufgabe an der Tafel nicht

so ähnlich? Wenn du dir über dein Vorwissen im Klaren bist, versuch es im Folgenden auch anzuwenden.
Obwohl die Aufgabe nicht gerade einfach ist, brauchst du dafür keine Vorkenntnisse.

5. Formuliere Teilziele!

Oft kannst du nicht in einem Schritt zur Lösung einer Aufgabe gelangen. Du musst dann Teilziele formulieren, die dich dem endgültigen Ziel immer näher bringen. Wenn du z.B. ein Referat vorbereiten musst, könnte das erste Teilziel sein, dich in das Thema einzulesen, also Informationen zu sammeln. Das zweite Teilziel wäre dann, den Inhalt des Referats zu strukturieren, bevor du alles zu Papier bringst und im letzten Schritt das Vortragen übst.

Bei dieser kleinen und überschaubaren Knobelaufgabe brauchst du kein Teilziel zu formulieren.

6. Und wieder langsam, ganz langsam!

Kennst du nun deine Aufgabe, bist du dir deiner Vorkenntnisse bewusst und hast du dein Ziel formuliert? Dann solltest du aber immer noch nicht starten, langsam!

7. Was ist die richtige Vorgehensweise?

Überleg dir, mit welcher Strategie du vorgehen solltest, um dein Ziel zu erreichen. Mach dir bewusst, welcher Schritt dem anderen folgen muss.

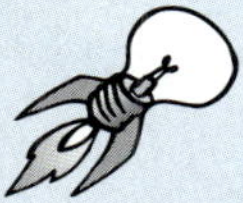

Versuche ich es durch Ausprobieren oder gibt es ein System? Verwende ich wirklich Münzen oder skizziere ich das Ganze auf Papier? Versuche ich zunächst drei Reihen zu legen und hefte einfach irgendwo noch etwas an oder ergeben sich alle Reihen gleichzeitig?

8. Wenn's nicht weiter geht…

Wenn dir die Aufgabe nicht so gelingt, wie du dir das vorgestellt hast, solltest du zuerst überlegen, woran es liegt. Was genau kannst du nicht auf Anhieb? Wo hast du Schwierigkeiten? Nur wenn du dir des Problems bewusst bist, kannst du es aus der Welt schaffen.
Hier ist die Misere leicht zu beschreiben: entweder man kann's oder man kann's nicht! Wenn du nicht weiter kommst, versuch es mit einem anderen Ansatz.

9. Nicht aus der Ruhe bringen lassen!

Wenn du ein Teilziel nicht auf Anhieb erreichst, lass dich dadurch nicht gleich aus der Bahn werfen. Frust gehört zum Geschäft. Also: nicht aufgeben!

Du solltest deinen vorläufigen Misserfolg akzeptieren und weiter an einer Lösung des Problems arbeiten.
Insbesondere bei dieser Aufgabe ist die Wahrscheinlichkeit, dass du es nicht schaffst, recht hoch. Also bleib gelassen!

10. Betrachte dein Ergebnis kritisch!

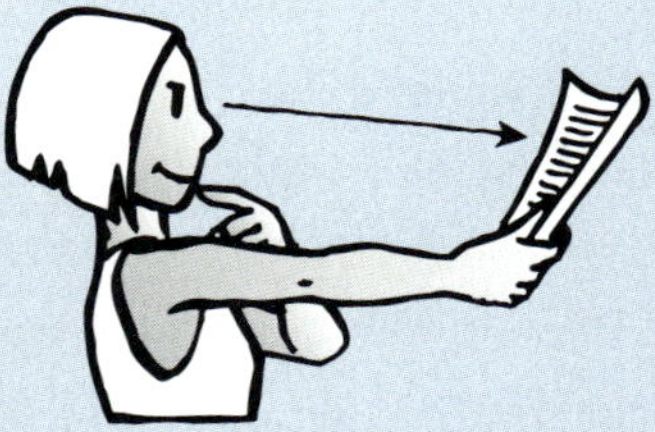

Bist du zufrieden oder gibt es Unstimmigkeiten? Zum Schluss dieses 10-Punkte-Programms für konzentriertes Arbeiten solltest du deine Verbesserungsvorschläge in die Tat umsetzen.
Man kann es sich einfach machen: die 10 Münzen nebeneinander legen, jeweils 4 abzählen und als Reihe identifizieren. Aber das wäre kein befriedigendes Ergebnis, denn es ist nicht im Sinne der Aufgabenstellung. Was wäre besser?

Weitere mathematische Knobelaufgaben findest du im Internet, z.B. unter:
www.mathe-spass.de oder
www.bezreg-duesseldorf. nrw.de /schule/mathe/mathe.htm

Zusammenfassung

Um konzentriert arbeiten zu können, ist es notwendig, dass du deine Aufgaben und Vorhaben organisierst.

- **Dazu gehört, einen Zeitplan zu erstellen, der auf alle anstehenden Aufgaben und Termine eingeht, abwechslungsreich gestaltet ist und deine persönliche Tagesleistungskurve berücksichtigt.**
- **Alle 15–20 Minuten sollten kleine und alle anderthalb Stunden große Pausen eingelegt werden. Entspannungs- und Bewegungsübungen helfen dir, in der Pause neue Energie für konzentriertes Arbeiten zu tanken.**
- **Das 10-Punkte-Programm für konzentriertes Arbeiten solltest du verinnerlichen und konsequent anwenden. Achte dabei stets darauf, dass du bewusst handelst und Ziele konsequent verfolgst.**

P.S.: Die Lösung der Knobel-Aufgabe

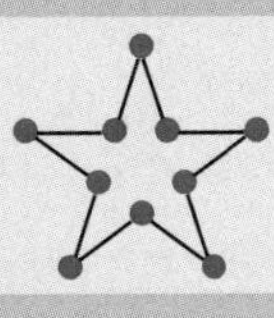

9 (plus 1) Konzentrations-Tipps

1. C'mon people!

Motivation und Interesse sind die besten Voraussetzungen für Konzentration. Versuche dich zu motivieren, indem du das Positive in einer Aufgabe suchst.

2. Move your body!

Mit Sport trainierst du nicht nur deinen Körper, sondern verbesserst auch deine geistige Fitness und Konzentration. Reserviere in deinem Wochenplan mindestens drei Stunden für Sport und Bewegung.

3. Breakfast at Tiffany's

Achte auf die richtige Ernährung! Dadurch kannst du deinem Gehirn das geben, was es braucht, um konzentriert arbeiten zu können. Vermeide insbesondere starke Blutzuckerschwankungen, indem du nicht zu viel Süßes isst.

4. Free your mind ...

...and the rest will follow! Schalte Ablenkungen jeglicher Art aus! Besonders wichtig ist in diesem Zusammenhang ein ruhiger und sinnvoll ausgestatteter Arbeitsplatz.

5. Relax!

Entspannungsübungen sind besonders geeignet, um zu

innerer Ruhe zu gelangen. Deine Konzentration profitiert von Atemübungen und Muskelentspannungen.

6. Satisfaction

Um konzentriert arbeiten zu können, musst du dir über deine Bedürfnisse im Klaren sein und sie zum richtigen Zeitpunkt befriedigen statt sie zu unterdrücken.

7. Tomorrow never knows

Plane deine Arbeitszeit! Gewinne einen Überblick über die anstehenden Aufgaben und gestalte deinen Zeitplan abwechslungsreich. Beachte dabei stets deine Tagesleistungskurve. So arbeitest du konzentrierter, effizienter, mit mehr Spaß und weniger Stress.

8. Fortsetzung folgt

Pausen sind notwendig, um deine Konzentration über einen längeren Zeitraum aufrechtzuerhalten. Du solltest deine Pausen sinnvoll gestalten. Dazu gehören kleine Bewegungs- und Entspannungsübungen oder die Befriedigung deiner Grundbedürfnisse.

9. Show me the way!

Verinnerliche das 10-Punkte-Programm für konzentriertes Arbeiten. Fertige dazu ein Plakat an mit den 10 Tipps und Aufforderungen sowie den zugehörigen Zeichnungen und häng es gut sichtbar über deinem Schreibtisch auf.

10. Head Games – mach Konzentrationsübungen!

Du kennst jetzt die Voraussetzungen für konzentriertes Arbeiten. Durch gezielte Übungen kannst du deine Konzentration zusätzlich verbessern. Weitere Übungen findest du im Internet (Adressen nächste Seite).

Kim-Spiele

Dazu brauchst du eine weitere Person, z.B. einen Freund, allein geht es nicht. Dein Freund ordnet 10 bis 20 Gegenstände auf dem Boden an. Du betrachtest sie genau und schaust dann weg, während er sie umordnet. Danach schaust du wieder hin und musst sagen, welcher Gegenstand anders angeordnet oder weggenommen wurde.

Zähl die Ecken einer Briefmarke, …

…ohne diese mit den Fingern oder anderen Hilfsmitteln zu berühren.

Schreib spiegelverkehrt!

Nimm dir einen Satz aus einem beliebigen Text vor und versuche, ihn so abzuschreiben, als würdest du ihn im Spiegel betrachten. Kontrolliere dein Ergebnis am Spiegel.

Zähl die Wörter in einem Liedtext!

Leg ein Lied auf und zähl die Wörter, während du es hörst. Den Schwierigkeitsgrad dieser Übung kannst du durch Geschwindigkeit und Sprache des Liedes variieren.

Empfehlenswerte Bücher

Aust-Claus & Hamer: *Das ADS-Buch*
Ratingen: Oberste Brink Verlag GmbH 2000

Horn, Sam: *Konzentration*
Wien: Wirtschaftsverlag Carl Ueberreuter 1996

Konnertz, Dirk & Sauer, Christiane: *Lernspaß für Kids*
Offenbach: GABAL Verlag 2000

Konnertz, Dirk & Sauer, Christiane: *Abi mit Methode*
Bayreuth: Schmidt Verlag 1998

Krowatschek, Dieter: *Marburger Konzentrationstraining*
Dortmund: Borgmann Publishing GmbH 1995

Tücke, Prof. Dr. Manfred:
Psychologie in der Schule – Psychologie für die Schule
Münster: LIT Verlag 1999

Internet-Adressen

ADS-Beratungsstellen
www.osn.de/user/hunter/badd.htm
www.juvemus.de
www.hypies.com
www.das-hyperaktivitaet.de

Weitere Konzentrationsübungen
www.btc.at/konzentrationsueb.htm
www.weserbergland.de/aegymn/besser_lernen/konzen.htm

Stichwortregister

Entspannen

Inhalt

Hallo und herzlich willkommen!

„Man verliert die meiste Zeit damit, dass man Zeit gewinnen will."
John Steinbeck

Scheinbar ist es heute wirklich so: Viele Menschen verbringen unendlich viel Zeit, um ihre Zeit und sich zu organisieren – mit dem Ziel, mehr Zeit zu haben. Sie kaufen sich schnelle Autos (um möglichst schnell ans gewünschte Ziel zu kommen), Zeitplanbücher, elektronische Zeitplansysteme, teure Handys...

Und was ist die Folge?

Gerade diese Menschen klagen weiterhin darüber, dass sie immer weniger Zeit haben. Absurd, oder?
Und noch etwas: Mehr Menschen denn je leiden unter Stresserscheinungen und Stresskrankheiten, wie z.B. Nervosität, Magen- und Darmproblemen, Rückenschmerzen, Kopfschmerzen und Migräne, Schlaflosigkeit, Übergewicht, Sucht nach Alkohol und Zigaretten, Bluthochdruck, Herzerkrankungen etc.
Wer „stresskrank" ist, fühlt sich nicht nur schlapp und ausgepowert, sondern ist auch nicht in der Lage, seine Aufgaben mit Spaß und der nötigen Ruhe erfolgreich zu bewältigen.

In der Ruhe liegt die Kraft

Dies besagt schon ein altes Sprichwort. Und wie das funktioniert, wollen wir dir in diesem Buch zeigen.

In *Kapitel 1* erfährst du, wie Entspannung und Stress auf deinen Körper und Geist wirken und wie wichtig es ist, sich die nötige Zeit für Ruhe und Entspannung zu nehmen.

Entspannungstechniken, die du besonders leicht durchführen kannst und die dennoch sehr wirkungsvoll sind, lernst du in *Kapitel 2* kennen.

In *Kapitel 3* zeigen wir dir, wie du dich in bestimmten Alltagssituationen, in der Schule und Freizeit entspannen kannst.

Zum Abschluss stellen wir dir in *Kapitel 4* unser LernTeam-Relaxing-Training vor, zu dem neben der richtigen Entspannung auch die richtige Bewegung und Ernährung gehören.

Viel Spaß mit unserem Buch und viel Entspannung wünschen dir

Dirk Konnertz & Christiane Sauer

Kann ich mich gut entspannen?

Mit dem folgenden kleinen Test kannst du herausfinden, wie gut du dich bereits entspannen kannst.
Beantworte dazu bitte folgende Fragen:

1	Schläfst du häufiger schlecht?	ja ○	nein ○
2	Hast du öfter Kopf- oder Rückenschmerzen?	ja ○	nein ○
3	Wirst du vor oder in Prüfungen unruhig?	ja ○	nein ○
4	Fühlst du dich nach den Hausaufgaben ausgepowert?	ja ○	nein ○
5	Hast du häufiger Zeitdruck?	ja ○	nein ○
6	Wirst du schnell ungeduldig?	ja ○	nein ○
7	Fühlst du dich häufig gestresst oder genervt?	ja ○	nein ○
8	Lässt du dich leicht provozieren?	ja ○	nein ○
9	Fährst du bei Streitigkeiten schnell aus der Haut?	ja ○	nein ○
10	Fällt es dir schwer, einfach nichts zu tun?	ja ○	nein ○
11	Macht dich ruhige Musik, z.B. Klassik, aggressiv?	ja ○	nein ○
12	Versuchst du dich vor dem Fernseher zu entspannen?	ja ○	nein ○

Mehr als fünf Fragen mit „Ja" beantwortet?

Weil du dich öfter gestresst und ausgepowert fühlst, kommt dieses Buch für dich gerade zur richtigen Zeit. Du wirst lernen, wie du in Zukunft in der Schule, beim Lernen zu Hause, in der Freizeit, bei Streitigkeiten etc. cooler und abgeklärter zur Sache gehen kannst. Mit der richtigen Entspannung wirst du die nötige Energie „tanken", um konzentriert an deine Aufgaben heranzugehen.

Mehr als sechs Fragen mit „Nein" beantwortet?

Du hast zwar nicht permanent Stress, fühlst dich aber hin und wieder mal „ausgelutscht", überfordert oder genervt. Wir möchten dir helfen, einerseits ruhiger und lockerer und andererseits mit mehr Energie und Spaß deine Aufgaben in der Schule und Freizeit zu bewältigen.

Alle Fragen mit „Nein" beantwortet?

Offensichtlich bist du ein Meister der Entspannung! Wenn du die Fragen wirklich ehrlich beantwortet hast, dann kannst du getrost auf das Lesen dieses Buches verzichten – es sei denn, du möchtest noch mehr über das Thema „Entspannung" erfahren als du ohnehin schon weißt.

Ein kleiner Tipp: Solltest du das Buch nicht lesen wollen, dann schenke es jemandem, dem du etwas mehr Entspannung wünschst.

1. Warum entspannen?

Hältst du die Balance zwischen Anspannung und Entspannung?

Wusstest du, dass Stress krank macht?

Kannst du durch Entspannung Zeit gewinnen?

Der Mensch ist heute mehr denn je unzähligen Reizen ausgesetzt. Fernsehen, DVD und Video, Computer, Internet, Handy, CD- und MP3-Player etc. schütten uns tagtäglich mit Infos, Bildern, Texten und Tönen zu. Wir werden beschallt, lassen uns berieseln…

Wer sich dabei keine Zeit nimmt, um zur Ruhe zu kommen, abzuschalten und sich zu entspannen, der wird schnell von den Reizen überflutet. Die Folgen: permanente Unruhe und Hektik, fehlende Konzentration, Nervosität, Unzufriedenheit, Aggressionen – purer Stress!

Keine Zeit zum Entspannen?!

Frühstück – Schule – Mittagessen – Telefonieren – Hausaufgaben, dabei Musik hören – Fernsehen – Computer spielen, dabei Musik hören – Abendessen – Telefonieren – Internet – Fernsehen – Schlafen.

Dies ist kein ungewöhnlicher Tagesablauf eines Schülers. Und wie sieht dein Tagesablauf aus? Findest du die nötige Zeit zum Entspannen?

Die Balance halten

Zuviel Anspannung führt zu Stress – zuviel Ruhe führt zu Langeweile. Wichtig ist die Balance zwischen Phasen der Anspannung und der Entspannung.

Fehlende „Balance"?

Anzeichen für eine fehlende Balance zwischen Anspannung und Entspannung sind häufig:

- Du bist unkonzentriert und nervös.
- Du fühlst dich müde und unmotiviert. Dir fehlt der innere Antrieb.
- Du reagierst in schwierigen Situationen hektisch und verzweifelt.
- Du lässt dich leicht provozieren und wirst schnell „stinkig".
- Du fühlst dich schlecht, bist unzufrieden mit dir und der restlichen Welt.

Richtige „Balance"?

Schaffst du es hingegen, die richtige Balance zu halten, dann hat das meist sehr positive Auswirkungen:

- Du kannst dich länger und besser konzentrieren.
- Du bist leistungsfähiger und schaffst in weniger Zeit mehr.
- Du behältst in schwierigen Situationen einen klaren Kopf.
- Du bist ausgeglichen und umgänglich.
- Du fühlst dich gut und bist zufrieden.

Dein Körper benötigt einen ständigen Wechsel zwischen Anspannung und Entspannung. So wie du ausreichend Schlaf zur Erholung brauchst, so wichtig ist es auch, dass du dir am Tag zwischen Leistungsphasen auch immer wieder Entspannungsphasen gönnst. Nur dann kannst du auch 100% Leistung bringen.

Stress macht krank

Zuviel Stress raubt dem Körper Energie und macht krank.

Stress macht „down"

Wenn es zu einer plötzlichen Stresssituation kommt, dann produziert dein Körper eine halbe Stunde lang das Stresshormon Adrenalin. Dies sorgt für Kraft und Aktivität, zuviel davon verkrampft auf die Dauer jedoch den Körper, macht nervös und drosselt die Ausschüttung von Glückshormonen. Die Folge: Du bist unglücklich, unkonzentriert, unmotiviert und schläfst schlechter.

Adrenalin macht die Blutgefäße porös, dadurch lagern sich dort leichter Kalk und Fett ab und das Risiko für einen Herzinfarkt oder Schlaganfall erhöht sich.

Stress raubt Vitamin C

Wusstest du, dass Stress Unmengen an Vitamin C „verschlingt"? Vitamin C ist lebensnotwendig für dein Immunsystem – also für deine körpereigenen Abwehrkräfte. Ein einstündiger Streit entzieht deinem Körper ungefähr 300 Milligramm Vitamin C.

Das bedeutet, dass du nach einem solchen Streit etwa vier bis fünf Kiwis oder zehn Äpfel essen müsstest, um deinen Vitaminspeicher wieder aufzufüllen!

Raus aus dem Stresskreislauf!

Zu viel Stress hat zur Folge, dass du immer nervöser, empfindlicher und weniger belastbar wirst. Dein Körper reagiert unter Umständen mit Schlafstörungen, Müdigkeit, Unruhe, Kopfschmerzen, Magenkrämpfen und Muskelverspannungen. Jede weitere Aufgabe, die du in diesem miserablen Zustand bewältigen sollst, führt nur noch zu mehr Stress. Kein Wunder, denn wer kann sich schon unter diesen Umständen wirklich auf eine Aufgabe konzentrieren und eine gute Leistung zeigen? Wie du unten sehen kannst, ist der einzige Ausweg aus diesem Stresskreislauf die Entspannung.

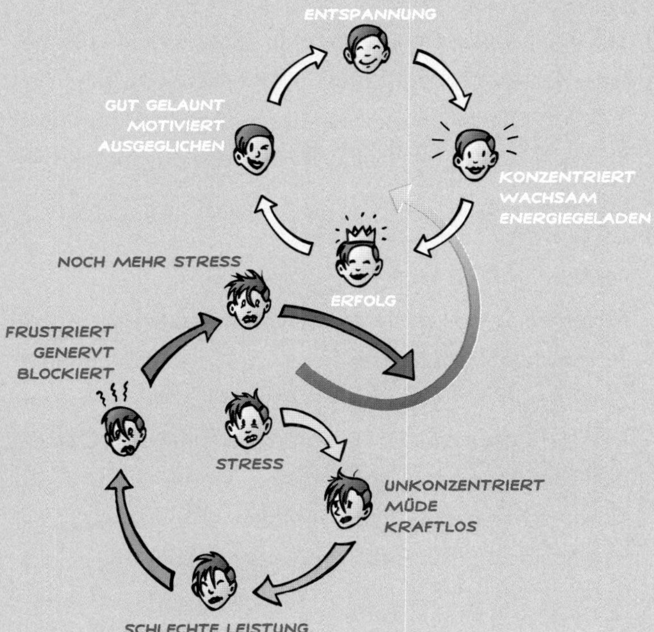

Aber wir haben doch keine Zeit!?

Vielleicht denkst du jetzt gerade: „Alles Blödsinn! Warum soll ich mir Zeit zum Entspannen nehmen, wo ich doch so viel zu tun habe? Das ist doch vergeudete Zeit!"

Weit gefehlt!

Dein Körper und Geist benötigen den Wechsel zwischen Anspannung und Entspannung. Ohne Entspannung wirst du nicht nur krank, sondern bist auch nicht in der Lage, Leistung zu erbringen.

Eine Entspannungspause von zehn Minuten kann z.B. bewirken, dass du anschließend in 30 Minuten Aufgaben erledigst, für die du ohne eine Entspannungsphase sonst eine Stunde benötigst. Entspannung lohnt sich also auf alle Fälle – auch zeitlich!

Funktioniert das auch beim Fernsehen?

Höchstens um abzuschalten und um auf andere Gedanken zu kommen, aber auf keinen Fall zur Entspannung! Beim Fernsehen werden deine Augen und Ohren von Reizen regelrecht überschüttet. Du hast dabei kaum eine Chance, dich zu entspannen und zu erholen.

Je nach Programmwahl kann Fernsehen sogar das Gegenteil bewirken – du fühlst dich anschließend nervös und gereizt.

Entspannung kannst du spüren

Wenn du entspannt bist, verringert sich dein Herzschlag, dein Atem wird ruhiger, deine Blutgefäße erweitern sich, du spürst eine angenehme Wärme überall in deinem Körper und besonders in der Magengegend, du hast ein Gefühl der Schwere…

Am besten erreichst du dieses Gefühl der vollkommenen Entspannung mit Hilfe von Entspannungstechniken. Wenn du eine Entspannungsübung machst, dann konzentrierst du dich bewusst und ausschließlich auf dich und deinen Körper. Du erholst dich so schneller und besser.

Im nächsten Kapitel stellen wir dir einige einfache und besonders effektive Entspannungsübungen vor.

Zusammenfassung

- **Dein Körper benötigt die Balance zwischen Anspannung und Entspannung. Deshalb ist es wichtig, dass du dir am Tag auch Zeit zum Entspannen nimmst, um 100% Leistung bringen zu können.**
- **Mit Entspannungstechniken besiegst du den Stress, denn Stress macht dich letztendlich krank.**
- **Wenn du dir Zeit zum Entspannen nimmst, kannst du konzentrierter und mit einem klaren Kopf Aufgaben bewältigen. So sparst du viel Zeit!**

2. Wie entspannen?

Wie kannst du in stressigen Situationen cool bleiben?

Möchtest du Techniken kennen lernen, um dich länger auf deine Hausaufgaben konzentrieren zu können?

Kennst du autogenes Training?

Früher brachte man Entspannungsübungen mit Esoterikern und „Müsli-Essern“ in Verbindung. Viele Menschen hatten die positive Wirkung dieser Techniken nicht erkannt. Das ist heute ganz anders. Gerade Sportler, Musiker oder Showmaster entspannen sich regelmäßig vor ihren Wettkämpfen bzw. Auftritten. Auch Manager nutzen Arbeitspausen für Entspannungsübungen.

In diesem Kapitel lernst du vier wirkungsvolle Entspannungsübungen kennen:

- die Atemtechnik
- die Muskelentspannung
- die Fantasiereise
- das autogene Training

Alle Techniken kannst du leicht erlernen und je öfter du sie wiederholst, umso wirkungsvoller sind sie. Die Entspannungsübungen werden dir helfen, möglichst schnell und gezielt Ruhe zu finden, Stress abzubauen und in schwierigen Situationen die nötige Ruhe zu bewahren. Suche dir die Übungen heraus, die dir Spaß machen und bei denen du dich wohl fühlst.
Übrigens: Auch Tätigkeiten, wie z.B. Ruhen, Lesen, Musik hören, ein Musikinstrument spielen oder Spazierengehen, können sehr entspannend sein. Vorteil der bewussten und gezielten Entspannungsübungen ist jedoch, dass du dich dabei schneller und besser entspannst.

Mach es dir gemütlich!

Wichtig für eine gute Entspannung ist, dass du dir einen Ort wählst, an dem du dich wohl fühlst und an dem du ungestört deine Entspannungsübung machen kannst. Achte darauf, dass der Raum gelüftet und nicht überhitzt ist!

Entspannen mit Musik

Jede Übung kannst du mit entsprechender Musik unterstützen. Am besten eignet sich Instrumentalmusik in einer Geschwindigkeit von etwa 60 Taktschlägen pro Minute – das entspricht einer ruhigen Herzfrequenz.

Auch die Körperhaltung ist wichtig, damit es nicht zu unnötigen Verspannungen kommt. Entspannungsübungen kannst du im Liegen und im Sitzen durchführen.

Entspannen im Liegen

Wenn du die Übung im Liegen durchführen möchtest, dann solltest du auf dem Rücken liegen. Die Arme legst du dabei locker neben den Körper und deine Beine liegen entspannt nebeneinander.

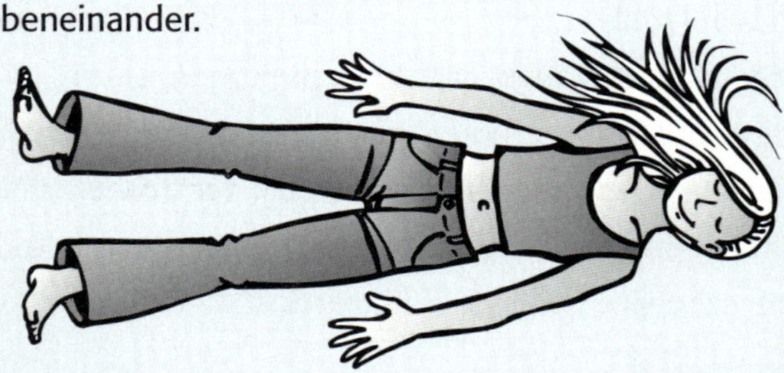

Entspannen im Sitzen

Machst du die Übung im Sitzen, dann rutsche mit dem Po bis an die Rückenlehne. Deine Füße stehen dabei auf dem Boden und deine Hände liegen auf den Oberschenkeln.

Deinen Kopf kannst du entweder aufrecht halten oder wie in der Droschkenkutscherhaltung nach unten fallen lassen.

Während der Entspannungsübung kannst du deine Augen geöffnet lassen oder auch schließen. Mit geschlossenen Augen ist es allerdings in der Regel leichter, sich auf die Übung zu konzentrieren oder seiner Fantasie freien Lauf zu lassen.
Es ist aber auch möglich, dass du deine Augen geöffnet lässt und dabei einen bestimmten Punkt im Raum fixierst.

Die Atemtechnik

Der Vorteil dieser Übung ist, dass du sie zu jeder Zeit und an jedem Ort einsetzen kannst, z.B. vor oder während einer Klassenarbeit, in Lernpausen, auf dem Weg zur Schule, im Bus, während einer Schulstunde oder eines Streits etc. Niemand kann von außen erkennen, dass du eine Atemübung durchführst.
Beim normalen Üben reichen in der Regel drei bis fünf Minuten aus, bis du dich über die Atmung völlig entspannt hast. Je häufiger du trainierst, umso schneller stellt sich der Erfolg ein, so dass du schon nach zehn tiefen Atemzügen wieder locker und entspannt bist!

Und so funktioniert die Atemtechnik

1. Setze oder lege dich bequem hin und lass deine Schultern locker und entspannt herunterhängen.
2. Atme jetzt einige Male ein und aus, bis du ruhig und bereit für die eigentliche Atemübung bist.
3. Atme nun ruhig und tief durch die Nase ein. Dabei atmest du zuerst in den Bauch und dann in die Lunge. Deine Brust und dein Oberkörper dürfen sich dabei nicht verspannen. Während du einatmest, zählst du langsam in Gedanken 1 – 2 – 3.
4. Nun hältst du die Luft an, während du 4 – 5 weiterzählst.
5. Dann atmest du langsam die Luft durch den Mund aus und zählst dabei rückwärts von 5 bis 1.

6. Nach dem Ausatmen legst du eine kurze Pause ein, bevor du wieder neu mit dem Einatmen beginnst.
7. Wiederhole nun das Ein- und Ausatmen mehrere Male, bis du dich ruhig und entspannt fühlst.

Länger ausatmen als einatmen

Der Entspannungseffekt tritt dann ein, wenn das Ausatmen länger als das Einatmen dauert.

Tipp

Wenn du während des Ein- und Ausatmens nicht einfach nur von 1 bis 5 und wieder zurück zählen möchtest, dann kannst du dir z.B. auch vorstellen, dass du (während du einatmest) mit dem Fahrrad einen kurzen Sprint bergauf fährst und dich dann (während du ausatmest) entspannt den Berg wieder hinabrollen lässt.

Die Muskelentspannung

Durch die Konzentration auf deinen eigenen Körper und durch den gezielten Wechsel von Anspannung und Entspannung einzelner Muskelgruppen kannst du nach und nach eine Gesamtentspannung deines Körpers herbeiführen, die auch auf deine Psyche eine positive Wirkung ausüben wird.

So funktioniert die Muskelentspannung

Mache eine Muskelentspannung am besten im Liegen, denn im Liegen ist es leichter, alle Muskelgruppen anzuspannen und zu entspannen.
Unterstütze die Muskelentspannung durch die Atementspannung:
Einatmen während der Muskelanspannung – kurzes Anhalten der Luft und Halten der Muskelspannung – Ausatmen, während die Muskelspannung wieder gelöst wird – ruhiges Ein- und Ausatmen während der erneuten Muskelanspannung.

Tipp

Lies dir den folgenden Text zur Muskelentspannung durch oder lass ihn dir vorlesen.
Gehe schrittweise vor. Beginne heute mit den Armen und nimm jeden Tag einen weiteren Teil deines Körpers hinzu. Je öfter du die Muskelentspannung machst, desto routinierter wirst du dabei.

Atme zunächst einige Male ruhig ein und aus, bis du für die folgende Übung bereit bist.
Jetzt ballst du vor deiner Brust die Finger deiner rechten Hand zu einer Faust, so dass der Druck immer fester wird. Du kannst dir dabei vorstellen, dass du Wasser aus einem Schwamm pressen willst. Der Druck wird immer härter und härter und breitet sich über den Unterarm, das Ellenbogengelenk bis in den Oberarm aus. Halte nun die Spannung einen kurzen Moment und versuche, sie ganz intensiv zu spüren.
Und nun entspannst du wieder. Du merkst, wie der Druck nachlässt und die Spannung aus deinem Arm herausfließt. Atme ruhig ein und aus.
Jetzt ballst du die Finger deiner linken Hand vor deiner Brust ganz fest zu einer Faust. Du drückst immer fester und fester und merkst, wie sich der Druck nun über deinen linken Unterarm und Ellenbogen bis in den Oberarm hin ausweitet. Halte die Spannung einen kurzen Moment.
Und nun entspannst du wieder. Du spürst, wie der Druck aus deinem Arm entweicht. Du atmest ruhig und gleichmäßig ein und aus und genießt das entspannende Gefühl.
Nun ballst du beide Hände vor deiner Brust zu einer Faust. Du erhöhst den Druck immer mehr, bis die Spannung über die Unterarme, Ellenbogen und Oberarme die Schultern erreicht hat. Halte die Spannung für einen kurzen Moment und spüre sie dabei ganz intensiv.

Und jetzt entspannst du wieder. Du genießt, wie die Spannung aus deinen Schultern und Armen entweicht. Atme ruhig ein und aus.
Auf diese Weise kann diese Übung den gesamten Körper durchlaufen: Beine und Füße, Bauch und Po, Arme und Hände, Hals, Nacken und Gesicht.

Und so geht's:

Spanne die angesprochenen Muskelpartien jeweils fünf bis acht Sekunden an und entspanne anschließend jeweils 20 Sekunden. Spüre dabei ganz genau dem Gefühl der Entspannung nach. Lege dich zur Übung auf den Rücken:

Beine und Füße anspannen: Beine strecken, Waden in den Boden drücken, Füße anziehen und Zehen spreizen.

Bauch, Becken und Gesäß anspannen: Bauch anspannen und Gesäß-Beckenboden zusammenkneifen.

Arme und Hände anspannen: Fäuste vor der Brust ballen und zur Schulter ziehen.

Hals, Nacken und Schultern anspannen: Kopf vom Boden abheben und Schultern nach hinten zusammenziehen.

Gesicht anspannen: Stirn in Falten legen, Nase rümpfen, Kiefer zusammenbeißen und Lippen aufeinanderpressen.

Zum Abschluss kannst du alle genannten Muskelgruppen auf einmal anspannen. Halte die Spannung acht Sekunden und genieße anschließend das Gefühl der Entspannung.

Übung macht den Meister

Wenn du diese Muskelentspannung regelmäßig durchführst, wirst du merken, dass du dich von Mal zu Mal entspannter fühlst.

Fantasiereisen unternehmen

Eine Fantasiereise bringt dich in einen entspannten Zustand und gibt dir eine Menge Kraft und Energie.
Mit einer Fantasiereise begibst du dich gedanklich an einen Ort, der dir ein angenehmes und wohltuendes Gefühl vermittelt. Das kannst du tun, indem du dir selbst eine solche Reise vor deinem inneren Auge vorstellst, oder aber, indem du dich von gesprochenen oder geschriebenen Texten leiten lässt. Jede Fantasiereise besteht aus einer Hinführung, einer Fantasiegeschichte und einer Rückholung.

In die Fantasiewelt „eintauchen“

Ziel der *Hinführung* ist es, langsam aus dem Hier und Jetzt des Raumes in die Fantasiewelt zu gelangen. Schließe deine Augen. Konzentriere dich nun auf deine Atmung und atme langsam tief ein und wieder aus. Spüre, wie mit jedem Ausatmen die Spannung von dir abfällt und wie du mit jedem Einatmen neue Kraft aufnimmst. Finde dein persönliches Einstiegsritual, das du bei jeder Fantasiereise wiederholst.

Mit allen Sinnen reisen

Die darauf folgende *Fantasiereise* kann beliebig variiert werden, z.B. als Reise zum Mond oder in fremde Länder, als Taucherausflug ins Meer etc. Je nachdem, welcher Ort

dir heute Ruhe und Kraft gibt, wählst du dein „Reiseziel“ aus. Erlebe deine Reise mit allen Sinnen.
Frage dich auf deiner Reise immer:

- Was sehe ich?
- Was höre ich?
- Was fühle ich?
- Was rieche ich?
- Was schmecke ich?

Zurück ins Hier und Jetzt

Mit der *Rückholung* kehrst du wieder langsam in das Hier und Jetzt zurück. Verabschiede dich von deinem Ort der Ruhe und komme zurück in die Gegenwart. Richte deine Aufmerksamkeit wieder auf deinen Körper, recke und strecke dich, gähne laut und öffne wieder die Augen.

Ein Beispiel für eine Fantasiereise

Den nun folgenden Text einer Fantasiereise kannst du dir vorlesen lassen, während du liegend oder sitzend eine entspannte Haltung einnimmst. Dazu kannst du dir eine ruhige und entspannende Hintergrundmusik auflegen.
Wichtig beim Vorlesen ist, dass langsam gelesen wird. Die Dauer der Entspannungsreise beträgt insgesamt ca. 10 bis 15 Minuten. Für die Hinführung und Rückholung werden jeweils etwa 2 Minuten verwendet. Die eigentliche Geschichte im Mittelteil sollte also 8 bis 10 Minuten dauern.

Ein wundersamer Waldspaziergang

Die Hinführung

Schließe jetzt die Augen oder suche dir einen Punkt im Raum, an dem du dich mit deinem Blick festhalten kannst.

Du lässt alle Gedanken, die in deinem Kopf herumschwirren, einfach vorbeiziehen und vergisst alles, was um dich herum geschieht.

Achte nun auf deine Atmung. Atme ruhig und gleichmäßig ein und aus. Du kannst dabei spüren, wie mit jedem Ausatmen Anspannung von dir abfällt und wie du mit jedem Einatmen neue Kraft in dich aufnimmst.

Du bist immer gelöster und entspannter.

Du merkst, dass deine Arme ganz ruhig sind.

Und auch deine Beine sind ganz ruhig.

Du spürst, wo dein Körper die Unterlage unter dir berührt und fühlst dich sicher und geborgen. Du kannst nun ganz abschalten und die Ruhe in deinem Körper genießen.

Du bist jetzt bereit für eine wunderschöne Fantasiereise.

Die Fantasiereise

Stell dir nun vor, es ist ein schöner, warmer und sonniger Morgen. Du gehst barfuß auf einem grasbewachsenen Feldweg entlang, der in den Wald hineinführt. Unter deinen Füßen fühlst du das Kitzeln der Grashalme und auf deinen Schultern fühlst du die warmen Sonnenstrahlen.

Du wanderst in den Wald hinein und bemerkst dabei, wie sich der Boden unter deinen Füßen verändert. Du gehst jetzt auf einem warmen und weichen Weg immer tiefer in den Wald hinein und fühlst dich dabei ganz ruhig und sicher.

Das Sonnenlicht schlängelt sich zwischen den Bäumen hindurch und taucht den Wald in eine wunderbare Landschaft aus Licht und Schatten. Wenn du genau hinschaust, dann kannst du unendlich viele Farben erkennen.

Die Luft riecht nach frischem Morgentau, der im Sonnenlicht wie tausend Diamanten auf den Blattspitzen glitzert. Du streichst mit den Händen über die Blätter eines Strauches und spürst die Feuchtigkeit auf deiner Haut. Während du den warmen und weichen Waldweg entlang wanderst, kannst du noch viele andere angenehme Gerüche wahrnehmen: das Harz der Bäume, feuchtes Moos, frische Pilze.

Über dir aus den obersten Wipfeln der Bäume hörst du, wie die Vögel des Waldes ihr Morgenlied singen. Wenn du aufmerksam hinhörst, kannst du die verschiedenen Vogelstimmen voneinander unterscheiden.

In einiger Entfernung vor dir siehst du einen kleinen Hügel am Wegrand, der dicht mit Brombeerbüschen bewachsen ist. Je mehr du dich dem Hügel näherst, umso deutlicher kannst du die vielen dunkelroten Früchte erkennen. Du hast großen Appetit auf die dicken, reifen Beeren und isst so viele davon wie du möchtest. Sie schmecken ganz süß und saftig, nur die helleren sind noch ein bisschen sauer.

Nach dem Essen möchtest du dich ein wenig ausruhen. Du bist noch auf der Suche nach einem geeigneten Platz dafür, als du plötzlich hinter dem kleinen Hügel in einiger Entfernung ein sonderbar helles Licht siehst. Vor dir auf dem Boden entdeckst du einen schmalen, mit Blättern ausgelegten Weg, der genau auf das Licht zuführt. Neugierig gehst du den Pfad entlang und fühlst dich dabei ganz ruhig und sicher.

Als du schon fast bei dem hellen Licht angekommen bist, teilt es sich auf einmal wie ein großer Vorhang in zwei Hälften und gibt dir den Blick frei auf eine wunderschöne Lichtung.

Dies ist die Lichtung deiner Träume! Der Ort, an dem alles möglich ist!

Du gehst ein paar Schritte weiter und hinter dir schließt sich der Vorhang aus Licht wieder.

Du befindest dich jetzt mitten auf deiner Lichtung. Ganz entspannt legst du dich jetzt in das frische Gras und schaust dich genau um. Wie sieht der Ort aus, an dem all deine Träume wahr werden können?

Befinden sich vielleicht Tiere, Menschen oder andere Wesen an diesem Ort? Achte auch genau auf die Geräusche um dich herum. Vielleicht hörst du rauschendes Wasser, Stimmen oder Musik? Während du alles um dich herum wahrnimmst, sind deine Arme und Beine auf eine angenehme Art schwer und warm geworden. Dein ganzer Körper ist angenehm schwer und warm. Du bist ganz ruhig und zufrieden und fühlst dich ausgeglichen und entspannt. Du fängst jetzt an zu träumen. Du bist völlig frei und hast alle Zeit der Welt.

Rückholung

Jetzt ist es langsam wieder an der Zeit zurückzukehren. Schau dich noch einmal genau auf deiner Lichtung um, bevor du dich für heute von ihr verabschiedest.
In der Gewissheit, dass du zu jeder Zeit an diesen Ort deiner Träume zurückkehren kannst, gehst du nun langsam an den Rand der Lichtung. Immer wenn du an diesen schönen Ort denkst, fühlst du Ruhe, Wärme, Kraft und Zufriedenheit.
Der Vorhang aus hellem Licht teilt sich nun wieder vor dir. Du gehst zurück in den Wald, vorbei an den Brombeerbüschen, den warmen, weichen Weg entlang, bis du langsam, in deinem eigenen Tempo wieder im Hier und Jetzt angekommen bist.

Während du wach wirst, genießt du die Ruhe, Schwere und Wärme in deinem Körper. Du spürst jetzt wieder, wo dein Körper die Unterlage unter dir berührt. Bewege deine Hände und strecke und recke deine Arme und Beine.
Du atmest ruhig und tief ein und wieder aus. Wenn du möchtest, kannst du laut gähnen. Du fühlst dich entspannt, stark und zufrieden. Du öffnest nun die Augen und bist wieder gestärkt und entspannt aus deiner Fantasiereise zurückgekehrt.

Autogenes Training

Das autogene Training ist eine bewährte Entspannungsmethode. Diese Technik bewirkt eine vollkommene körperliche und geistige Erholung. Nach der Durchführung des Trainings fühlst du dich einerseits ruhig und entspannt und andererseits energiegeladen. Die Methode kann aber z.B. auch bei Konzentrationsstörungen, Schlafstörungen, Kopfschmerzen, Störungen im Magen- und Darmbereich, Hyperaktivität, Ängsten und Aggressionen helfen.

Die sechs Einzelübungen des autogenen Trainings

Das autogene Training setzt sich aus sechs Einzelübungen zusammen:

- Schwereübung
- Wärmeübung
- Atemübung
- Herzübung
- Bauchübung
- Stirnübung

Beginne im ersten Schritt mit der Schwereübung und gehe erst weiter zur nächsten Übung, wenn du die Schwereübung gut kannst. Das kann durchaus einige Übungstage oder -wochen dauern.

Schritt für Schritt zum Erfolg

Gehe immer dann zur nächsten Stufe, wenn die Übungen der vorherigen Stufen gut klappen. Bis alle Stufen perfekt beherrscht werden, ist von Mensch zu Mensch verschieden. Es geht auch nicht darum, schnell alle Stufen zu beherrschen – wichtiger ist, dass du bei den einzelnen Übungen die Trainingseffekte spürst.

Die Vorbereitung des autogenen Trainings

Mache es dir bequem, lege dich am besten auf den Rücken und schließe deine Augen. Konzentriere dich nun ganz auf deinen Körper, spüre jeden Teil deines Körpers ganz intensiv. Wenn du möchtest, kannst du dich vorher kräftig recken und strecken. Damit baust du deine Muskelspannung ab. Du kannst auch gerne ruhige Musik zu der Übung hören.

Und zum Start die Ruheformel

Wenn du dich bereit fühlst, dann sage dir jetzt die Ruheformel:

Ich bin ganz ruhig.

Denke diese Formel einige Male, bis du so ruhig bist, dass du dich auf dein Training konzentrieren kannst. Atme dabei ruhig und tief ein und wieder aus.
Und nun gehst du weiter zur Stufe 1 des autogenen Trainings.

Stufe 1: Die Schwereübung

Bei dieser Stufe konzentrierst du dich ganz auf deine Hände, Arme und Beine.

Schließe deine Augen und konzentriere dich zuerst auf deine rechte Hand. Versuche sie bewusst zu fühlen. Nun sagst du in Gedanken zu dir:

Meine rechte Hand ist ganz schwer.

Gehe nun schrittweise wie folgt vor:

Meine linke Hand ist ganz schwer.
Meine Hände sind ganz schwer.
Mein rechter Arm ist ganz schwer.
Mein linker Arm ist ganz schwer.
Meine beiden Arme sind ganz schwer.
Mein Nacken und meine Schultern sind ganz schwer.
Mein rechtes Bein ist ganz schwer.
Mein linkes Bein ist ganz schwer.
Meine beiden Beine sind ganz schwer.
Mein ganzer Körper ist schwer.
Mein Körper ist schwer, gelöst und entspannt.

Nach jeder Stufe folgt die Rücknahme

Wenn du den Erfolg verspürst, dann beendest du diese und jede weitere Übung immer mit der Rücknahme. Dazu ballst du die Fäuste, reckst und streckst deine Arme, atmest tief durch und öffnest deine Augen. Solltest du autogenes Training zum Einschlafen machen, erübrigt sich natürlich die Rücknahme.

Stufe 2: Die Wärmeübung

Stelle dir vor, du liegst an einem Strand und die Sonnenstrahlen erwärmen deinen Körper angenehm und wohlig. Gehe nun wie bei der Schwereübung Schritt für Schritt vor und sage in Gedanken zu dir:

Meine rechte Hand ist ganz warm.
Meine linke Hand ist ganz warm.
Meine Hände sind ganz warm.
Mein rechter Arm ist ganz warm.
Mein linker Arm ist ganz warm.
Mein Arme sind ganz warm.
Mein Nacken und meine Schultern sind ganz warm.
Mein rechtes Bein ist ganz warm.
Mein linkes Bein ist ganz warm.
Meine Beine sind ganz warm.
Mein Körper ist ganz warm.

Wenn du die Wärme in deinem Körper spürst, kannst du nach der Rücknahme mit der Stufe 3 weitermachen.

Stufe 3: Die Atemübung

Achte nun auf einen gleichmäßigen ruhigen Atemrhythmus und sage in Gedanken zu dir:

Mein Atem geht ganz ruhig und gleichmäßig.
Meine Atmung ist ganz ruhig.

Wenn du das Gefühl hast, vollkommen ruhig zu atmen, geht es nach der Rücknahme mit der Stufe 4 weiter.

Stufe 4: Die Herzübung

Konzentriere dich bei dieser Übung ganz stark auf dein Herz und sage in Gedanken zu dir:

Mein Herz schlägt ruhig und gleichmäßig.

Gerade wenn du ruhig und gleichmäßig atmest, kannst du dem Fluss deines pulsierenden Blutes im Körper nachspüren. Hast du deinen Herzschlag „erfühlt“, dann kannst du nach der Rücknahme mit der Stufe 5 fortfahren.

Stufe 5: Die Bauchübung

Stelle dir bei dieser Übung vor, wie z.B. ein warmes Getränk dir den Magen wärmt oder wie eine Wärmflasche auf deinem Bauch liegt und sage in Gedanken zu dir:

Mein Bauch fühlt sich angenehm warm an.

Bei dieser Übung entspannt sich dein Bauch. Wenn du ein warmes und wohliges Gefühl im Magen verspürst, kannst du nach einer kurzen Rücknahme mit der letzten Übung beginnen.

Stufe 6: Die Stirnübung

Nur ein „kühler Kopf“ kann klar denken. Stell dir daher vor, wie ein kühler Wind leicht über deinen Kopf streicht und sage in Gedanken zu dir:

Meine Stirn ist angenehm kühl.

Nach dieser letzten Übung des autogenen Trainings solltest du dich vollkommen gut und entspannt fühlen.

Zusammenfassung

- Entspannungsübungen helfen dir, schnell und gezielt Ruhe zu finden, Stress zu vermeiden und in schwierigen Situationen cool zu bleiben.
- Wähle für eine Entspannungsübung einen Ort, an dem du dich wohl fühlst und mache es dir dort gemütlich.
- Schon mit einer einfachen Atemübung kannst du es schaffen, deinen Körper und Geist in einen entspannten Zustand zu versetzen.
- Weitere sehr wirkungsvolle und leicht zu erlernende Übungen sind die Muskelentspannung, die Fantasiereise und das autogene Training.

3. Wann entspannen?

Machst du beim Lernen bewusst Pausen?

Weißt du, wie du vor und während einer Klassenarbeit cool bleiben kannst?

Möchtest du auch in der Freizeit Stress abbauen?

Es gibt viele Situationen, in denen es äußerst sinnvoll ist, sich zu entspannen, z.B.:

- Wenn du dich über einen längeren Zeitraum (z.B. bei den Hausaufgaben) konzentrieren möchtest,
- wenn du unruhig und nervös wirst (z.B. vor einer Prüfung),
- wenn du dich angespannt oder überfordert fühlst (z.B. während einer Prüfung),
- wenn du dich gerade besonders angestrengt hast und dabei an deine körperlichen oder geistigen Grenzen gegangen bist (z.B. nach einer Prüfung oder einem sportlichen Wettkampf),
- wenn du aggressiv und streitlustig wirst,
- wenn du schlecht einschlafen kannst,
- wenn du Kopf- oder Rückenschmerzen hast, du ein unwohles Gefühl in der Magengegend verspürst oder dich sonst unwohl fühlst.

Entspannung als Ritual

Solltest du dich schnell stressen lassen, dann empfehlen wir dir, Entspannung zu ritualisieren, d.h. regelmäßig täglich eine feste Zeit für deine Entspannung zu reservieren.

So kannst du z.B. nach der Schule eine Muskelentspannung und abends vor dem Einschlafen eine Fantasiereise machen.

Gönne dir Lernpausen

Gerade beim Lernen spielt der Wechsel von Anspannung und Entspannung eine entscheidende Rolle.
Nur wenn du dir regelmäßig Lernpausen gönnst, kannst du auch in Lernzeiten konzentrierter arbeiten. Die folgende Kurve zeigt die durchschnittliche Konzentrationsfähigkeit eines Menschen während einer Stunde.

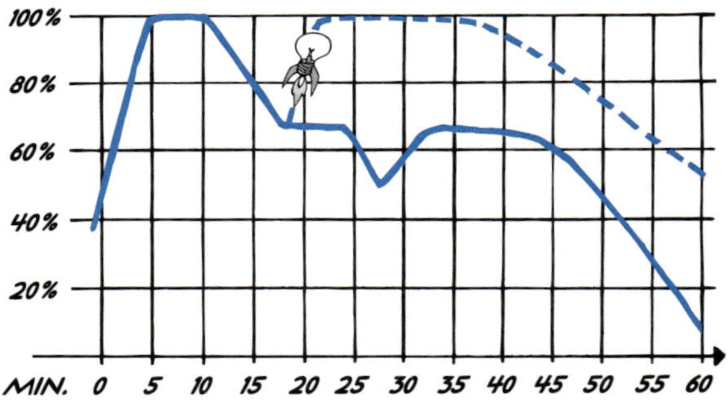

Die Kurve zeigt sehr deutlich, dass Menschen sich nur über eine bestimmte Zeitspanne auf eine Sache konzentrieren können. Je nach Alter steigt zwar die Konzentrationsdauer, aber spätestens nach 30 Minuten ist eine kurze Pause nötig, um anschließend wieder konzentriert weiterarbeiten zu können.

Wenn du jedoch rechtzeitig eine Lernpause einlegst und diese auch richtig, d.h. zur Entspannung und Erholung nutzt, kannst du dich anschließend wieder zu 100% konzentrieren.

Die Konzentrationsfähigkeit hängt auch vom Alter ab

Je älter du bist, desto länger kannst du dich „am Stück" konzentrieren. Eine Untersuchung ergab folgende maximale Konzentrationszeiten je nach Alter:

5-7 Jahre	ca. 15 Minuten
8–9 Jahre	ca. 20 Minuten
10–12 Jahre	ca. 25 Minuten
ab 12 Jahren	ca. 30 Minuten

Ein 11-jähriger sollte also spätestens nach 25 Minuten Lernzeit eine Pause einlegen.

Eine Lernpause von ca. 5 bis 10 Minuten – zum Erholen und Entspannen genutzt – reicht dann in der Regel aus, um anschließend wieder voll konzentriert weiterarbeiten zu können.

Je länger die Lernzeit andauert, desto kürzer sollten die Lernphasen und desto länger die Lernpausen werden. Der Plan für einen Lernnachmittag könnte dann z.B. so aussehen:

Minuten

25	5	20	8	15
Lernzeit	Pause	Lernzeit	Pause	Lernzeit

Und das kannst du in Lernpausen machen

So schöpfst du in Pausen schnell neue Kräfte, um dich danach wieder voll konzentrieren zu können:

Entspanne bei einer Atemübung

Eine fünf- bis zehnminütige Pause eignet sich dazu, um bei einer Atemübung zu entspannen. Atme etwa zehn Mal – wie auf den Seiten 86 und 87 beschrieben – tief ein und wieder aus.

Solltest du dich anschließend schläfrig fühlen, dann recke und strecke dich kräftig wie morgens nach dem Aufwachen.

Mache eine kurze Muskelentspannung

Auch eine Muskelentspannung (S. 88 und 89) ist eine hervorragende Methode, um in Lernpausen den „Akku" wieder aufzuladen. Spanne und entspanne abwechselnd einzelne Körperteile und genieße jeweils das Gefühl, wenn du entspannst.

Höre ruhige und entspannende Musik
Lege dich in eine gemütliche Ecke und höre dabei ruhige und entspannende Musik. Lenke deine Gedanken auf etwas Schönes und unternimm vielleicht eine kurze Fantasiereise (S. 90 bis 95) an einen Ort, der dir neue Kraft gibt.

Gehe an die frische Luft – mache einen kleinen Spaziergang
Solltest du den Drang verspüren dich zu bewegen, dann tue es. Gehe nach draußen an die frische Luft, atme tief den Sauerstoff ein, gehe ein Stück oder laufe langsam. Achte beim Laufen darauf, dass du dich nicht auspowerst und außer Atem gerätst.
Atme anschließend einige Male tief ein und aus, bevor du wieder mit dem Lernen beginnst.

Was du nicht machen solltest

Diese Aktivitäten eignen sich nicht für eine Lernpause, da sie dich nicht wirklich entspannen, sondern nur vom Lernen für kurze Zeit ablenken bzw. dir zusätzliche Konzentration abverlangen:

- Fernsehen,
- Computer oder Gameboy spielen,
- Telefonieren oder SMS schreiben,
- im Internet surfen,
- laute und schnelle Musik hören,
- sportliche Aktivitäten, bei denen du dich auspowerst (z.B. Rennen, Basketball, Fußball etc.).

Cool in Prüfungen

Prüfungen wie Klassenarbeiten bzw. Schulaufgaben, Referate oder mündliche Abfragen können eine Menge Stress auslösen. Hier geben wir dir einige Tipps, damit du in solchen Situationen cool und ruhig bleibst.

Der Tag vor der Prüfung

Für viele Schüler ist der Tag vor einer Prüfung der wahre Horror. Hier findest du einige Tipps, die dir helfen, vor einer Prüfung die Ruhe zu bewahren:

- Plane die Vorbereitung so, dass du am Tag vor der Arbeit nichts Neues mehr lernst. Verschaffe dir höchstens noch einmal einen Überblick über das, was in der Prüfung verlangt wird. Spätestens um 18 Uhr „fällt der Hammer"!
- Lege dir am Abend vor der Prüfung alles zurecht, was du am kommenden Tag benötigst. Packe bereits deine Tasche. Entscheide, was du morgen früh anziehen wirst.
- Iss etwas Leichtes, also z. B. keine Pizza- oder Nudelberge, um nicht mit einem schweren Magen ins Bett zu gehen.
- Mache am Abend ausschließlich ruhige Dinge, schau einen schönen Film an oder höre Musik. Vor dem Einschlafen empfehlen wir dir eine Entspannungsübung. Sehr gut vor Prüfungen eignen sich das autogene Training oder eine Fantasiereise. Lenke deine Gedanken immer auf besonders angenehme Dinge!

Am Tag der Prüfung

- Mache alles gaaanz ruhig! Aufstehen, ins Badezimmer gehen, waschen und Zähne putzen, anziehen, frühstücken, zur Schule gehen… – alles in Ruhe.
- Lass dich von nichts und niemandem aus der Ruhe bringen! Gehe nervigen und hektischen Klassenkameraden („Kannst du mir das noch mal erklären?", „Hast du 'ne Ahnung, was drankommt?" etc.) aus dem Weg.
- Mache direkt vor der Prüfung eine Atemübung, damit du ruhig bleibst.

Während der Prüfung

- Bleib ruhig, wenn der Lehrer den Raum betritt und die Zettel austeilt. Lehne dich entspannt zurück, schließe die Augen und warte ab, bis der Lehrer das Startzeichen gibt. Achte darauf, dass du tief ein- und ausatmest!
- Mache eine Atemübung, wenn du das Gefühl von Nervosität und Unruhe verspürst.
- Nimm deine Körperreaktionen bewusst wahr! Kontrolliere, ob es z. B. deiner Stirn, deinem Nacken, deinem Bauch, deinen Händen und Armen, deinen Beinen gut geht. Beruhige deine Hände, wenn sie schwitzen oder deinen Magen, wenn er grummelt.
- Mache zwischendurch Pausen! Lehne dich zurück und freue dich, dass du schon eine Menge geschafft hast. Und das Atmen nicht vergessen…

Stress im Alltag – nein danke

Auch in deiner Freizeit gibt es viele Gelegenheiten, nicht entspannt zu sein, sondern hektisch, nervös, aggressiv und schlecht gelaunt zu reagieren.
Auch hier gilt die Devise: Immer ruhig und locker bleiben!

Mensch ärgere dich nicht!

Ärger verursacht Stress. Entweder frisst man den Ärger in sich hinein und belastet sich lange mit negativen Gedanken oder man verpulvert bei einem Gefühlsausbruch eine Menge wertvoller Energie. Drei Tipps zum Umgang mit Ärger:

1. Lass dem Ärger erst gar keine Chance. Frage dich, was er dir bringt: nämlich nichts!
2. Bist du bereits verärgert, dann lass den Ärger raus. Gehe irgendwo hin, wo du alleine bist und brülle dort laut wie ein Löwe: OAAAAH!!! Meistens sieht die Welt danach wieder rosiger aus.
3. Hast du Ärger mit einem anderen Menschen, dann versuche den Konflikt *sofort* zu lösen. Redet miteinander und findet eine Lösung. Vertragt euch oder geht euch demnächst aus dem Weg.

Die Zeit im Griff

Hektik, Nervosität und übermäßige Anspannung entstehen häufig durch Zeitdruck. Du hast dir für den Tag viel zu viel vorgenommen oder aber deine Zeit unsinnig vertrödelt? Nur wenn du deine Zeit im Griff hast, bist du in der Lage, ein entspanntes und stressfreies Leben zu führen. „Zeitchaoten" empfehlen wir übrigens unser Buch „Zeitmanagement – fit in 30 Minuten".

Relaxed im Alltag – Nerven wie Drahtseile

Manche Menschen lassen sich durch nichts aus der Ruhe bringen. Sie ruhen in sich selbst. Versuche einen solchen Menschen einmal auf die Palme zu bringen – aussichtslos! Auch deine Nerven können stärker werden. Wie? Trainiere sie mit Entspannungsübungen. Mache z.B. jeden Tag zehn Minuten lang autogenes Training.

Zusammenfassung

- **Bewusste Pausen zur Entspannung sind gerade bei den Hausaufgaben wichtig, um anschließend wieder konzentriert weiterarbeiten zu können.**
- **Mit Entspannungstraining kannst du vor und während einer Prüfung Ruhe bewahren und einen „Blackout" verhindern. Gerade die Atemtechnik ist eine bewährte Methode, um solche Situationen zu meistern.**

- **Lass dich nicht ärgern und habe deine Zeit im Griff – dann wirst du dich auch im Alltag niemals aus der Ruhe bringen lassen.**

4. Das LernTeam-Relaxing-Programm

Bewegung, Ernährung und mentale Stärke gehören zusammen – warum?

Weißt du, wie du dich richtig bewegst und ernährst?

Kennst du das Geheimnis mentaler Stärke?

Drei Dinge braucht der Mensch

Zu einem stressfreien und glücklichen Leben gehören drei entscheidende Fähigkeiten:

1. Du bewegst dich richtig.
2. Du ernährst dich richtig.
3. Du bist mental stark.

Unser LernTeam-Relaxing-Programm verbindet diese drei Bereiche. Du lernst, was „richtige“ Bewegung ist, wir geben dir Tipps zur richtigen Ernährung und du erfährst, wie du deine mentale Stärke trainieren kannst.

Relaxing bedeutet für dich schließlich körperliches Wohlbefinden, Ausgeglichenheit, Zufriedenheit und Gesundheit – also alles tolle Dinge.

Relaxing durch richtige Bewegung

Der Mensch entwickelt sich immer mehr zu einem dicken Sitzmenschen, der den ganzen Tag in der Schule, am Schreibtisch, beim Essen, vor dem Computer und abends vor der „Glotze“ sitzt.
Fußball, Basketball und viele andere Sportarten sind zwar hervorragend für dich und deine körperliche Fitness. In unserem Relaxing-Programm geht es aber um eine bestimmte Form der Bewegung.

Die Erfolgsformel: Bewege dich im Sauerstoffüberschuss!
Gemeint ist damit das Ausdauertraining, bei dem du während der Bewegung mehr Sauerstoff aufnimmst, als deine Muskeln benötigen. In diesem so genannten *aeroben* Bereich bewegst du dich locker, ohne dich übermäßig anzustrengen.
Gerätst du außer Atem, dann bewegst du dich im *anaeroben* Bereich, in dem deinen Muskeln schnell der Sauerstoff ausgeht.

Wenn sich dein Puls so erhöht, dass du zu schnaufen oder zu hecheln beginnst, dann bewegst du dich zu schnell und musst dein Tempo reduzieren. Also: Je langsamer, desto besser!

Relaxed in einer halben Stunde

Bewege dich mindestens dreimal pro Woche jeweils eine halbe Stunde im Sauerstoffüberschuss. Gute Sportarten dafür sind z.B.

- Jogging oder Walking
- Skaten
- Schwimmen
- Rad fahren
- Aerobic
- Skilanglauf

Durch richtige Bewegung …

- vernichtest du Stresshormone, die in deinem Körper zirkulieren.
- produzierst du Glückshormone, so genannte Endorphine, die in deinem Gehirn für gute Laune sorgen.
- „verbrennt" dein Körper überschüssiges Fett.
- wirst du schlauer, da dein Gehirn mit 100% mehr Sauerstoff versorgt wird.
- stärkst du deine körpereigenen Abwehrkräfte – dein Immunsystem. Das hält dich fit und gesund.
- wirst du ruhiger, konzentrierter und ausgeglichener.

Relaxing durch richtige Ernährung

Die moderne Fast-Food-Generation ernährt sich von Cheeseburger, Pommes, Cola, Chips und Schokolade. Eine solche Ernährung macht nicht nur dick und krank, sondern kann auch Stress, Konzentrationsmangel, Unlust und schlechte Laune verursachen.

Reduziere Fett und Süßes

Verantwortlich dafür sind in erster Linie zu viel Fett und Süßes. Fett macht dick und lagert sich in den Blutgefäßen ab. Süßigkeiten und süße Getränke führen zu kräftigen Blutzuckerschwankungen und verhindern somit, dass dein Gehirn kontinuierlich mit Energie versorgt wird.

Die Erfolgsformel: Iss „Brain food“!

Durch richtige Ernährung versorgst du dich mit den Nährstoffen, die nötig sind, um ruhig und konzentriert an wichtige Aufgaben heranzugehen. *„Brain food“* beeinflusst dein Gehirn positiv. Eine Studie in englischen Schulklassen beweist, dass Schüler mit Gehirnnahrung sogar schlauer werden als andere, die darauf verzichten.

Viel Eiweiß, Vitamine und Mineralstoffe

Dies sind die wichtigsten Nahrungsbestandteile. Eiweiß findest du in Hülsenfrüchten wie Linsen, Erbsen, weißen Bohnen und Körnern wie Reis, Weizen, Hirse, Hafer und Grünkern sowie in Fisch-, Fleisch- und Milchprodukten. Vitamine und Mineralstoffe befinden sich vor allem in frischem Obst, Gemüse und Salat. Versorge dich über den ganzen Tag verteilt damit! Kaufe Salat, Rohkost oder Gemüse beim Biobauern oder aus der Tiefkühltruhe.

Und für den Start: Frühstück fürs Gehirn

Weil dein Gehirn keine Nährstoffe speichern kann, ist es wichtig, dass du es nach der langen Durststrecke in der Nacht am Morgen ausreichend mit Nährstoffen versorgst. Probiere es mal mit einem *Power-Müsli* aus Jogurt, Haferflocken, Bierhefe, einem geraspelten Apfel und/oder einer Banane.

Dies ist die optimale Mischung für einen perfekten und relaxten Start in den Tag. Die Powerstoffe steigern deine Laune und Konzentrationsfähigkeit, du fühlst dich ruhig und entspannt...

Trinken, trinken, trinken

Denk daran, ausreichend Flüssigkeit über den ganzen Tag verteilt aufzunehmen. Am besten ist Mineralwasser mit einem hohen Anteil an Magnesium und Kalzium oder noch besser: Apfelschorle – natürlich ungesüßt!

Relaxing durch mentale Stärke

Mental stark bist du, wenn du

- an Aufgaben und Herausforderungen positiv herangehst – also an den Erfolg und nicht an einen möglichen Misserfolg denkst,
- in schwierigen Situationen einen klaren Kopf behältst,
- dich von anderen nicht verrückt machen und aus der Ruhe bringen lässt.

Die in diesem Buch vorgestellten Entspannungstechniken – die Atemtechnik, die Muskelentspannung, die Fantasiereise und das autogene Training – werden dir helfen, an mentaler Stärke zu gewinnen.

Füttere dein Unterbewusstsein mit positiven Gedanken

Du steuerst nur ca. 10 % deines Tuns und Handelns bewusst, der Rest läuft völlig unbewusst ab. Dein Unterbewusstsein ist also zu 90 % an deinen Handlungen und Entscheidungen beteiligt. Es entscheidet dabei über deine Einstellung, Motivation und somit auch über Erfolg und Misserfolg.

Je mehr positive Bilder, Erlebnisse und Sätze du in deinem Unterbewusstsein gespeichert hast, umso positiver gehst du an Aufgaben und Herausforderungen heran.

Menschen, die an ein mögliches Scheitern denken, scheitern in der Regel auch. Man nennt dieses Phänomen auch die *sich selbst erfüllende Prophezeiung*.

Umgekehrt hilft dir die positive Einstellung, zuversichtlich an eine Aufgabe heranzugehen.
Füttere dich mit positiven Bildern und Sätzen. Am besten funktioniert das in einem entspannten Zustand. Begib dich auf Fantasiereisen an Orte, die dir Kraft geben und mit vielen positiven Erlebnissen verknüpft sind. Stelle dir vor, wie es ist, wenn deine Wünsche und Ziele in Erfüllung gehen. Genieße im Voraus das Gefühl des Erfolgs.

Finde Mutmachsätze

Auch Mutmachsätze geben dir Kraft und Zuversicht. Achte bei der Formulierung deiner Sätze darauf, dass du positiv formulierst.
Schreibe dir deinen Mutmachsatz (z. B. „Ich bin mutig!", „Ich schaffe die 2!" oder „Ich bin vollkommen konzentriert!") auf und hole ihn dir immer wieder in Erinnerung.
Oft wiederholt wird der Satz im Unterbewusstsein „einprogrammiert" und somit dein ständiger Begleiter sein.

Relaxing-Plan

	Montag	Dienstag	Mittwoch
Bewegung	Eine Stunde Skaten	Rad fahren	Fußball-Training
Ernährung	Power-Müsli zum Frühstück Extragroße Obstportion	Power-Müsli zum Frühstück Salatteller zum Mittagessen	Power-Müsli zum Frühstück Nach dem Training Putensteak
Mental-techniken	Mutmachsatz aufschreiben Autogenes Training nach dem Mittagessen	Fantasiereise am Abend vor der Deutsch-arbeit	Autogenes Training nach dem Mittagessen

Donnerstag	Freitag	Samstag	Sonntag
Eine Stunde Skaten	Fußball-Training	Schwimmen	Familien-Radtour
Power-Müsli zum Frühstück Extragroße Obstportion	Power-Müsli zum Frühstück Fisch zum Mittagessen Abends Rohkost	Power-Müsli zum Frühstück Gemüse-platte zum Mittagessen	Power-Müsli zum Frühstück Abends Rohkost
Autogenes Training nach dem Mittagessen	Autogenes Training nach dem Mittagessen	Muskel-entspannung am Nachmittag	Fantasiereise am Abend (Ich bereite mich dabei mental auf die nächste Woche vor)

Tu dir jeden Tag etwas Gutes

Auf den Seiten 122 und 123 findest du ein Beispiel für einen Relaxing-Wochenplan. Nach diesem Muster kannst du dir selbst ein Programm aufstellen.

Trage für den jeweiligen Tag ein, was du tust, um

- dich richtig zu bewegen,
- dich richtig zu ernähren,
- dich zu entspannen.

Viel Spaß und Erfolg wünschen dir
Dirk Konnertz & Christiane Sauer

Zusammenfassung

- **Richtige Bewegung bedeutet, dass du beim Bewegen mehr Sauerstoff aufnimmst als deine Muskeln benötigen. Dabei gilt: Je langsamer, desto besser. Schon eine halbe Stunde Ausdauertraining (Joggen, Skaten, Schwimmen, Rad fahren etc.) reicht aus, um relaxter zu werden.**
- **Ruhe, Konzentration und Ausgeglichenheit liefern dir die Powerstoffe in der Nahrung: Eiweiß, Vitamine und Mineralstoffe.**
- **Entspannungsübungen helfen dir, mental stark zu sein. Zusätzlich ist es wichtig, das Unterbewusstsein mit positiven Bildern und Sätzen zu „füttern".**

Empfehlenswerte Bücher

Hipp, Barbara:
Stressbewältigung – fit in 30 Minuten
Offenbach: GABAL Verlag 2001

Jordan, Alexander:
Entspannungstraining
Aachen: Meyer & Meyer Verlag 1997

Müller, Else:
Hilfe gegen Schulstress
Reinbek bei Hamburg: Rowohlt Taschenbuch Verlag 1984

Petermann, Ulrike:
Entspannungstechniken für Kinder und Jugendliche
Weinheim und Basel: Beltz Verlag 1999

Strunz, Ulrich & Konnertz, Dirk:
Fitness – fit in 30 Minuten
Offenbach: GABAL Verlag 2000

Stichwortregister